可以哭，別認輸

白冰冰逆流而上的**頑張哲學**

白冰冰／著

COULD CRY
BUT
SHOULD NOT GIVE UP

野人家 162

可以哭，別認輸

作　　者　白冰冰

總 編 輯　張瑩瑩
副總編輯　蔡麗真
主　　編　鄭淑慧
特約編輯　李田田、羅瑜瑤
編輯協力　林盈君
封面設計　周家瑤
內文排版　周秀青
行銷企劃　林麗紅

社　　長　郭重興
發行人兼出版總監　曾大福
出　　版　野人文化股份有限公司
發　　行　遠足文化事業股份有限公司
地址：新北市新店區民權路 108-2 號 9 樓
電話：(02)22181417　傳真：(02)86671065
電子信箱：service@bookrep.com.tw
網址：http://www.bookrep.com.tw
郵撥帳號：19504465　遠足文化事業股份有限公司
客服專線：0800-221-029
法律顧問　華洋法律事務所 蘇文生律師
印　　製　沐春行銷創意有限公司
初版一刷　2017 年 2 月

歡迎團體訂購，另有優惠，請洽業務部（02）22181417 分機 1124、1126

國家圖書館出版品預行編目 (CIP) 資料

可以哭 , 別認輸 / 白冰冰著 . -- 初版 .
-- 新北市 : 野人文化出版 : 遠足文化發行 ,
2017.02　面 ;　公分
ISBN 978-986-384-186-9(平裝)

1. 白冰冰 2. 臺灣傳記

783.3886　　106000853

原書名：《可以哭，別認輸》
作者：白冰冰

可以哭，別認輸

線上讀者回函專用 QR CODE，您的寶貴意見，將是我們進步的最大動力。

推薦序

冰冰姊的故事，應該被永遠的流傳下去！

白曉燕事件發生時，我還是個高中生，但我已經不敢想像整個犯案的細節，她如何受苦，冰冰姊如何承受這一切！我總把這件事埋在我心裡的最深處，不敢觸及。

後來我當了媽媽，也訪問了冰冰姊，她跟我細說，她每天如何熬過漫漫長夜，想像著她女兒受的苦，她卻無法在旁保護她！當時身為媽媽的我，聽到的每一句話都刺骨，我實在無法想像這件事如果是發生在我身上，我能像冰冰姊那麼堅強嗎？

冰冰姊的堅強在於她同時承受著喪女之痛，而且是以如此殘忍的方式，但她同時又屹立不搖的帶給大家歡樂。到底是什麼樣的意志力支撐著她，我不但好奇也萬分佩服。

女性的偉大常被人歌頌，但冰冰姊的故事，應該被永遠的流傳下去！

小S

推薦序

挫折與苦痛終將過去！

對很多人來說，可能很難把我跟冰冰姊聯想在一起，其實論輩份來說，我應該叫她一聲阿姨的（哈哈）。因為冰冰姊除了是演藝圈的前輩，還是媽媽的好友。

過去，在電視裡看到的冰冰姊，總是幽默風趣、帶給大家歡樂，直到那一年，冰冰姊因為愛女出現在娛樂版以外的社會新聞裡，才讓大家看到她最脆弱卻也最堅毅的一面。尤其在我也當上了爸爸後，深知那段過去對為人父母來說，會是多麼難以承受的椎心之痛。

這段冰冰姊獨自走過的心路歷程，全都記錄在這本書裡，此外，她也化小愛為大愛成立了慈善基金會，更以自身經驗提醒所有處在逆境中的人，挫折與苦痛終將過去！相信冰冰姊也能透過這本書傳遞更多愛的正能量。

林志穎

推薦序

她的字典裡，從來就沒有「放棄」這兩個字！

臺灣綜藝超級天后，白冰冰，終於再度出書了！

基本上她就是一部「行走的臺灣綜藝歷史課本」。她充滿戲劇性的一生，一次又一次地牽動著上億人的歡喜和悲傷。

冰冰姊，是我看過最堅強的女人，她的字典裡，從來就沒有「放棄」這兩個字！也就是這樣鍥而不捨的精神，方能成就臺灣綜藝史上最璀璨的一頁。年輕時的困頓、婚姻的不如意甚至到後來頓失愛女椎心蝕骨的痛……都不曾將她打敗。

她將生命奉獻給舞臺，她的一生更是所有人應該學習的一課……

吳宗憲

推薦序

這個溫柔卻堅強的女性，值得我們為她喝采！

今天在拍戲過程中突然接到白冰冰打來的電話，那熟悉又開朗的聲音告訴我她要在北京出書，內容是白冰冰的故事，希望我能夠為她寫幾句勉勵的話。剎那間她那嬌小可愛的形象浮現在眼前。

記得是九年前和她一起演出電視劇《武十郎》，我們演的是一對逗趣的夫妻，第一次見面的我們就像老朋友一樣，默契非常好。其實對白冰冰的遭遇略有耳聞，知道她的人生過得很辛苦也慘遭喪女之痛。有時候我會觀察她在演戲的時候，為什麼能夠收藏起一切的悲傷，演的那麼活潑生動和富有喜感。後來熟悉了難免會聊到她的遭遇，我也是小心翼翼的生怕勾起她痛苦的回憶。可是弱小的她，從不躲避總是面對痛苦，並且用工作和樂觀去戰勝它。

白冰冰小小的個子，身體裡卻有著一個巨大的身影，那個影子就是努力、毅力、不言放棄的精神。她告訴我，未來她的人生就是獨自一個人，她不但要努力的好好活下去，更要把女兒活不夠的，一起活下來；除了要好好照顧自己之外，更要照顧很多其他年輕人，因此她成立了白曉燕文教基金會，建立了員警子女獎學金、助學金之外，還做很多關懷社會以及兒童老人的公益活動。今天的白冰冰不是為自己而活，而是為社會努力工作，她是一位有責任心有大愛的母親，她努力所做的一切，就是希望社會治安能更好，兒童安全無虞。

這個溫柔卻堅強的女性，值得我們為她喝采。我祝福她的新書可以獲得更多人喜愛及肯定，因為書裡面的正能量對社會一定會有正面幫助的。也要真誠的對白冰冰說，未來妳的人生絕不會是一個人，我們大家都愛妳！冰冰加油！

張國立

推薦序

只要能活著，就不應該覺得苦！

早在李冰冰與范冰冰成名之前，臺灣早已有一位縱橫歌唱、戲劇、主持，家喻戶曉的全能藝人、天后巨星白冰冰。

冰冰姊，我們都是這樣親切的稱呼她！而巨星沒有架子，總是笑容滿面的面對我們這些演藝圈的後輩。多年來，她除了耕耘自己的事業有成更提攜許多年輕藝人，並跨足電影等相關影視產業，敬業樂業的勇氣與精神，是許多人尊敬的大前輩，也是學習追隨的目標。

與我一樣，她的個子比較濃縮，但她的內在涵養肯定能量巨大，每寸都是精華！況且，她經歷數十年，各地各種大小舞臺的演出經驗值，更累積出無敵力量！至於台下的她，有許多精采回憶也有不少坎坷路途，當下的喜樂或悲痛，我們來不及分享或分擔，但無論哪一種經歷，現在的冰冰姊都已經把它幻化為人生養分，以正向能量邁向新生的每一天！只要能活著，就不應該覺得苦，擁抱生命的安排，踏過每個考驗關卡，值得我們佩服與學習。

本書，是她用一生日月精華換來的，且讓偶爾多愁善感的我們，細細品味，認真吸收！冰冰姊，謝謝，您辛苦了！願未來每一天，都充滿燦爛陽光。

黃子佼

自序

二〇一六年的六月二日我專程到北京舉辦我的新歌發表會，連續幾日奔波的行程，忙碌卻很充實。這是我第一次到北京出唱片，覺得很興奮又有成就感，因為這是我從事演藝四十二年來第一次唱華語歌，雖然已經出過幾十張的閩南語唱片，還是戰戰兢兢地以新人之姿，誠懇地到北京介紹我的歌。

我既是歌手也是演員還主持電視節目，這幾年也開始擔任電影的監製，甚至還因為主演的一些電影獲得過幾個最佳女主角的獎項。我喜歡自娛娛人，永遠是朋友圈以及螢光幕上的開心果。

我從事自己熱愛的工作並且在工作領域略有所成，但回首我的人生一路坎坷，甜頭嘗的少，卻遍嘗了酸苦辣。人們的祝福「一帆風順」從未在我的人生出現過，每走一步路，總是歷盡千辛萬苦。

從小家庭困頓、成長路坎坷、好不容易進入演藝圈卻又遇人不淑成了單親媽媽，辛苦的拉拔孩子長大、與我相依為命的女兒，卻又被獵人……狠狠的折翼了。我痛苦、我煎熬，好不容易走過來了，我成了很多傷心人的依靠，當人們傷心難過時，看看我、想想我，傷心的人們會懂得聯繫白曉燕基金會，接受我的幫助。

十九年前成立白曉燕文教基金會嘉惠社會、福利功德，用白曉燕的名字延續她的慧命，她活不夠的我會加倍勇敢活下來，等有一天我走了，她還永遠留在世界上綻放光明。紀念她的墓誌銘寫著「曉曦浮海復明人間光景、燕子歸山喚得天下太平」這兩行字闡明了我的心意。

大家說我是舞臺上的諧星，人生的苦旦，是一位勇敢的女性，是個傳奇，但是這傳奇是踏著血淚走出來的。我曾經怨天怨地，但最終於事無補，我只能努力的把心打開，讓陽光照進來。

忍字心頭一把刀，憑藉著堅忍的毅力，期望揮別傷痛，讓未來的日子過得更有意義，就像今天我出這本傳記，並非需要大家更理解我，而是希望用我小小的力量讓社會傷痛少一點、陽光多一些，能勸阻想作奸犯科的人，讓他們能明白，這對於受害人的傷害有多大，請勿以身試法，更希望能鼓勵有傷痛的人，想哭就痛哭一場，其實我們都不孤單，黎明終將趕走黑暗。

回首這十九年，我如履針尖，步步刺心。女兒離開後，我每天都哭泣，一直哭了十一年。十一年後的某一天，我突然發現不哭了，我慌忙打電話給友人訴說，她聽完歎了一口氣：「妳終於熬過來了。」

原來這樣椎心刺骨、痛不欲生的傷痕也可以用時間慢慢縫合；這樣淒風苦雨、千瘡百孔的日子也可以慢慢的熬過去。我又獲得了新生。

現在我每天為了工作及公益忙碌，朋友為我高興也捨不得我這麼辛苦，總是告訴我：「妳的這輩子過的夠苦了，真的該停下來好好享清福了。」但我總覺得，我體力還好，這個年齡正是智慧最成熟的時候，應該提供我的經驗與資源多幫助一些人，想當初我最痛苦的時候，也是有好多人伸出援手，現在正是我回饋的時候。

所以我想告訴大家，千萬別為情、為愛、為工作中的諸多小事傷心鬱悶，有些人甚至傷害自己或他人的生命，而釀成了永遠的遺憾！有一句話我一直謹記在心：「上坡路是難走的，圍牆裡跑不出千里馬、溫室裡種不出萬年松，重擔將會練出鐵肩胛，咬緊牙關向前邁進。」每個人的人生，都會遇到難過的坎，只要過了這個坡坎，就會看到新的風景，擁有更好的人生。現在的我已經翻過一個人生大坎，疲累一點又算什麼，讓愛我的人開心，讓自己過得更有意義，對我來說，是目前最重要的事。

二〇一六年的四月十四日，是我的女兒白曉燕離開我十九年的紀念日，當晚我情緒複雜睡不著，心血來潮為她寫了一篇紀念文放在微博上，沒想到引起廣大網友的關注，很多不知道當年事件的年輕人都到網路去搜索白曉燕事件的原委，並給我鼓勵及安慰，令我深深感動。謝謝大家的關愛，感恩有你們。

目錄

Chapter 1 偃蹇困窮的童年

Chapter 2

進入歌壇，奮力唱出青春的歌

Chapter 3

泅泳在未知的命運大海

Chapter 4 重新奮鬥，走向成功

Chapter 5

天倫夢斷

Chapter 6 給自己一個嶄新的人生

Chapter 1

偃蹇困窮的童年

一枝麥芽糖

家裡每個小孩都輪流舔著

我一口 你一口 他一口

糖水也是口水

卻也吃得

津津有味

小時候，苦時候

基隆的山上，滿是礦工的村子。

濛濛的雨中，貧窮的礦區，我誕生於此——最窄小、最破舊的一間房子。

我沒有富裕快樂的童年，有的只是洗衣、撿煤、帶弟妹以及做不完的家事，但是我認真勤奮，念書一級棒！

五〇年代開始，臺灣接受美國援助[1]，各地的基督教會經常發放麵粉、奶粉，救濟貧苦的人，但當時信奉佛教、道教的人居多，因此，很多人就把教會稱為「基督廟」。

大家都窮，我家更窮，經常去附近「基督廟」排隊領取麵粉、奶粉。美國那種特大號包裝的奶粉很多小孩吃不習慣，有的吃了還會拉肚子，只有我「好育飼」養得胖嘟嘟，人見人愛。

有一天教會來了一批外國人拍了我的照片，再過一陣子外國人又來了，送給我家一張英文報紙。那張報紙登著我的大照片，一個笑嘻嘻的可愛胖嬰兒，但報紙上

1　自一九五一至一九六五年，臺灣大約每年自華府得到一億美元的援助。

寫的是英文，大家一個字也看不懂。不過，鄰居都說：「白月娥這麼小就上報紙，長大一定做明星！」現在回想起來，應該是當時的美國人在倡揚他們救濟貧窮的事蹟吧！

臺灣經濟度過二次大戰後瀕臨崩潰的時期，於一九六〇年開始起飛，但是對我爸爸白宗興來說，他只是一名工人，一份微薄的薪水卻要養活越來越多的孩子。貧賤夫妻百事哀，我排行老三，媽媽一年生一個，一直生到排行第十的小弟才結束。

孩子多，吃飯要錢、買衣服要錢、繳學費要錢；為了錢父母經常吵架，丈夫說妻子不會持家、妻子說丈夫賺錢太少。夫妻也不懂節育，孩子越生越多，養不起了只好送養。當時的臺灣社會重男輕女，孩子送人當然先送女孩，白家第一個送養的就是我。

那時一歲多的我，本來是一個很乖的女嬰，平常吃飽就睡、睡飽就吃，一張小臉總是笑嘻嘻的。想不到送養之後，竟然一連哭了三天，對方被吵得受不了，只好把我抱回來，換走才兩個月大的妹妹。

接連著三個妹妹也陸續的送人，最後媽媽收了兩千元紅包，把最小的弟弟也送養了。對方要求必須與這小男孩完全斷了關係，以免將來糾纏不清。看著載了小弟的三輪車走遠，媽媽倚在門邊放聲大哭。當時下著大雨，媽媽要我跟在後面，看弟弟被送到哪裡，將來才可以偷偷去看他。

我穿著木屐，迎著風雨追著那輛三輪車，追了幾步路木屐掉了，我拾起木屐繼續追，跑著跑著又跌倒了，眼看追不上了就趴在路上放聲大哭。三輪車越走越遠，雨勢越來越大，我的臉上已經分不出是雨還是淚。

屋漏偏逢連夜雨

我家那麼多孩子，住在一間又小又破的房子，實在擁擠的不得了。而爸爸為了一大家子的生活，省吃儉用身兼好幾份工作，精瘦的體格練出了堅實的臂膀，我最喜歡捏著爸爸的手臂肌肉。爸爸從早做工做到晚，回家時已經夠累了，卻經常還要動手修房子。

那間「破厝」，屋頂經常破洞漏水。爸爸總是用撿來的紅瓦片蓋在屋頂的破洞上，再去撿一些磚塊或石頭來壓住。這樣，也算是一間「紅瓦厝」了。但是，颱風一來就完了，紅瓦片被吹走，雨水傾盆而下，全家人就只好躲在桌子底下。

房子的後山土質鬆軟，風雨太大時土石常會滾下來。我經常一手抱著弟弟一手抓著妹妹，跟著爸爸媽媽衝出去，然後眼睜睜地看著房子被石頭和泥土壓垮，住在那裡簡直是在跟老天爺搏命。

房子被土石毀壞後，我們一家就在鄰居家裡打地鋪，一大群小孩吵吵鬧鬧，承蒙鄰居實在太善心了，現在想來真是感謝。

每天，大家到處去撿木板，東釘西釘，重新打造了一間八坪大的房子，隔成一個客廳、一個廚房和兩個小房間。大門，其實只是兩片木板，出門時就用草繩把兩個門環綁在一起，就算鎖門了。當時的治安真好啊！其實就算有小偷，看到那個綁門的繩子也懶得去拆吧！至於客廳，釘了一張飯桌、幾個小凳子，小孩太多不夠坐，就只能端著飯碗蹲在門檻上吃。廚房則是擺著一個水缸，一個灶，一個鍋，除了燒水、煮飯、做菜之外，也是洗澡的地方。

那兩個小房間，以甘蔗板隔開，用撿來的木板釘成木床，上面鋪上草蓆就可以躺下來睡覺了。只是舊木板釘不牢，釘子鬆了還會翹起來，睡覺時一個翻身，有人被釘子刺到，就是一聲慘叫。床鋪兩邊的牆上釘了釘子，繩子一拉，就可以掛衣服。如果衣服掛滿時，就好像睡在一個大衣櫥裡，有時候洗好的濕衣服掛在繩子上晾乾，睡夢中還會被水滴醒，一大群孩子睡在通鋪裡擠來擠去，偶爾睡醒時我的腳還會塞在弟弟的嘴巴裡。

窮苦孩子沒有玩具，最大的活動量就是打架！搶食打架、推託家事打架、寫功課佔位置打架。當時還是油燈及五燭光小燈泡輪流使用的年代，沒有書桌，在微弱的燈光下，趴在床上寫功課，也讀出了一個品學兼優的學生。

床下既可堆木炭又可養雞鴨，老鼠、蟑螂也跑來跑去。我們無聊到為牠們取名字。黃的雞叫小黃、黑的雞叫小黑，花色的叫小花，甚至還猜哪一隻會先被抓去宰。

那個年代，吃雞肉算是最大享受。孩子們都期待一年三節才可以吃到辛苦養大的雞，但是偶爾雞還沒長大就死了，大家都會傷心好一陣子。

當年節家裡殺雞時，孩子們歡天喜地等著吃雞，阿爸卻要做公關，請朋友來吃雞，要等客人吃過了小孩們才能上桌。

每次小孩們都是躲著偷看客人吃飯，看到有人挾一塊雞肉，大家的心就會「揪」一下，再來一個無奈的大眼瞪小眼。等到客人吃飽了，一隻雞就只剩下頭、脖子、翅膀、屁股和雞爪了。然後一家人才分食剩下的雞肉，我最常分到的是雞脖子。雞脖子的毛孔好大，真是名副其實的「雞皮疙瘩」。不過我還是吃得很高興，一面吃還要一面拔毛。忘不了的好滋味。

我常想，吃雞腿的感覺一定更妙！

做不完的家事

家裡沒有廁所，只有一個鐵製的「痰罐仔」，全家人都在這裡方便，每天早上再拿出去倒掉，這就是我每天要做的工作。偶爾捧著糞桶出門時，碰到老師無處可躲，也只好捧著糞桶說：「老師好！」只見老師嫌惡的揮揮手，臉轉向一邊，我也覺得好丟臉。

房子附近有一個水井，可以應付煮飯燒水，如果洗衣服，就要走到較遠的一個大水井。

我的工作還包含趕著幾隻小鴨去河邊放風，小鴨的食物就是從河堤邊泥土裡挖出來的蚯蚓，當我用竹筷子把一隻隻蚯蚓夾出來的時候，蚯蚓不老實的在筷子上蠕動，嚇得我毛骨悚然，趕緊丟給鴨子吃，鴨子吃的好快樂，我夾的好害怕。

家事總是做不完，一日三餐要劈柴、升火、煮飯。還要把大鍋裡面的鍋巴鏟掉、

難得與同學出遊合影。

外面的黑炭刮掉。還要種菜、洗衣服、縫衣服、帶弟妹等等。媽媽還會再去收別人的衣服回來洗，貼補家用。我總是做得特別多。因此，小小年紀，就覺得媽媽不公平，我自懂事後，就沒有感受過母愛。我要做很多家事，如果做得不好，不是被罵就是一陣痛打，一天照三餐打，常常還加一頓宵夜，以現代觀點來看，這就是所謂的家暴。

有一次，我看到一頭牛拉的車上貨物太重，牛用盡了力氣還是拉不動，四腳一直踩空，只見車夫不斷地鞭打著牛。我看到牛的眼睛濕濕的好像在哭，就對一旁洗衣服的阿婆仔說：「牛實在太可憐了！」阿婆回答說：「你這個孩子很善良！你也一樣，那麼小就那麼苦命，有句話說『做牛要拖，做人要磨』。」我一聽，眼眶紅了。或許，我覺得自己好像牛，才會同情牛吧！

當時，窮人家都用煤礦升火，在一群拿著麻袋撿煤渣的小孩中，我長得最矮小，當然搶不過人家。有一次，一臺礦車經過我身邊時，礦工故意丟一個大煤塊給我，我正要去撿時幾個男孩衝過來搶，在大家的尖叫聲中，有一個男孩被擠到軌道上，碰！的一聲，男孩被礦車撞死了。

剎那間，大家都嚇跑了，只剩下我一個人看著地上血肉模糊的腦漿。我嚇呆了，全身發軟！不久男孩的家人趕到，看到現場的慘狀嚎啕大哭並揪著礦工的衣領要他還公道。相信礦工自己也嚇呆了，因為全村都是貧苦人家，那礦工怎麼還得起公道啊！我內心深處知道，礦工其實非常善良，因為富有同情心才特地丟給我那個大煤塊，結果卻惹禍了。看著礦工紅著眼眶被警察帶走，我放聲大哭心裡難過至極，除了不捨那熟悉的鄰居男孩更為那礦工傷感，而我除了難過什麼都幫不上忙。其實在我們那貧困礦區這一類的意外時常發生，我深深感歎，窮人的命真的不值錢，一定要遠離貧窮，是我人生第一個立下的志向。

有時，媽媽忙不過來，會叫我去基督廟領麵粉、奶粉。有一次，我領了一袋麵粉，在回家的路上被一個不認識的阿姨叫住，那個阿姨叫我把爸爸的身分證給她看，然後對我說：「妳領錯了，我替妳拿回去換。」我在路邊左等右等，一直等到天快黑了，那個阿姨都沒有回來，我才知道自己受騙了。空手回到家裡，媽媽非常生氣，不聽解釋就拿扁擔打我，下手很重。當天晚上，我看著自己全身瘀青覺得好委屈，決定要離家出走。

夜裡，我漫無目標的走著，走到附近的土地公廟，一個人站在黑暗中，越想越害怕，離家出走的那股勇氣也就慢慢消失了。我摸黑回到家裡，看到睡著的媽媽，躡手躡腳的想上床睡覺，但已經擠的沒有我的位置了，硬是擠出一個空位卻壓到弟弟的手，他慘叫一聲，我緊張地抬頭張望，還好媽媽沒有被吵醒。

爛香蕉也有好滋味

小時候的我總是很羨慕別人家的小孩有錢買零食吃。我常拉著媽媽的裙子說：「阿母啊，給我一毛錢啦！」經常從早討到晚，要不到零用錢就流著眼淚進入夢鄉。隔天一早，摳掉眼屎繼續努力討：「阿母啊，給我一毛錢啦！」

某天，賣玉米的人好心切了一小片給我，那一小片玉米就像薄薄的輪圈，上面總共只有十幾粒玉米。我用草紙包起來，一天吃一粒，吃到最後幾天時，玉米都變硬了，像在啃石頭一樣。

我也會撿一些瓶蓋、鐵罐子、牙膏鉛管等，拿去跟收破爛的人換麥芽糖來吃。一枝麥芽糖，家裡每個小孩都輪流舔著，我一口，你一口，他一口，糖水也是口水，卻也吃得津津有味。

有一次，鄰居送給我一根香蕉，我藏在褲袋裡，就怕被人看到也要分著吃。想不到，一直到晚上睡覺時都找不到機會吃，只好繼續藏在褲袋裡。隔天上學途中，我才拿出壓爛的香蕉吃著，同學看到笑我說：「白月娥妳好噁心喔！」還有一次，一個同學請我吃紅豆冰棒。同學說：「只能讓妳吃一口，而且不能吃到紅豆。」紅豆在最上層，我只好從中間咬，結果，張口一咬，整枝冰棒碎了掉到地上，同學氣哭了，心裡感到抱歉的我也哭了。

爸爸在肥料工廠有一個同事，是從大陸來臺的退伍老兵，一個人很孤單，被爸爸請來家裡住，我們都叫他老伯伯。我們一家人住大房間，小房間分租給老伯伯。老伯伯一直相信就要反攻大陸了，所以沒有結婚、沒有買房、沒有買地。過年圍爐時，爸爸會招呼老伯伯跟我們一起吃，但他總是一臉失落的樣子，大概是每逢佳節倍思親吧！

有一年過年，我和鄰居的小孩在玩，看到他們把紅包拿出來「現」，才知道原來過年時可以拿壓歲錢。我心情不好的低著頭回家，老伯伯知道後，過了一會兒，把孩子們都叫到他的房間去，發給每個人五塊錢，兄弟姊妹們高興的大叫，還急得找藏錢的地方！那一刻，我看到老伯伯笑了。我想，這大概就是「助人為快樂之本」吧！小孩們拿了錢一哄而散，我跑最後一個，當我順手帶上房門時，眼睛瞄到老伯伯正在擦眼淚！

雖然我們的五塊錢最後都被媽媽收走了，但也感受到年節氛圍，算是拿過壓歲錢了！

小童工

我在兒童時期就當過小童工，做過好幾個行業。

現在的殯葬業競爭激烈，職缺是一位難求，但在以前的年代，殯葬業是個被看不起的行業，從事這行業的人走在路上，大家就像是見鬼似的躲得遠遠的。

在我七歲的時候，村裡有人往生，左右鄰居都會去幫忙做些雜務，喪家也都會補貼他們一點工錢或煮一鍋美味的鹹粥感謝來幫忙的人。看似平凡的鹹粥，對窮困的鄉民們來說卻是再美味不過的佳餚。

鄰居看我家境困苦，好心介紹我去喪家幫忙，當時小小年紀的我被帶到喪家，有人看到我就說：「這麼小的孩子行嗎？」好心的鄰居向大家解釋：「她家很窮孩子很多，需要她幫忙賺些小錢，就讓她試試看吧！」

結果他們讓我舉一根竹竿，竹竿上頭還留有幾片竹葉子，下方綁著一條白布寫著「駕鶴西歸」，是走在棺木前的掌旗人。現在的棺木都是用轎車運送，但以前是用人扛著，所以掌旗人必須走在棺木前方。對方要我試試看，我奮力一舉還真的把旗子舉起來，於是他們放心的把這項工作交給我，當時的我開心極了，因為這一趟的工資就有五塊錢，讓我一夜未眠，興奮到天亮。

天亮後，儀式正式開始。一行人扛著棺材上路，一路上哀淒的嗩吶聲此起彼落，伴隨著眾人哭哭啼啼的啜泣聲我也好想哭，昨天晚上試舉的旗子，沒想到今天正式上路後才知道是個大考驗，因為路上有風，只要風稍微大一點吹向我的旗子，我小小的身子就跟著東飄西蕩站都站不穩。這可苦了後面扛棺木的工人們，他們一邊扛著沉重的棺木，另一隻手還要抓住我的後腰讓我走穩，嚷嚷著說：「小孩子！好好走，別晃來晃去的！」後來有人實在看不下去，就用繩子把旗子綁在我的腰間，就像儀隊的掌旗人一樣，旗子斜斜的插在我的肚臍上，就這樣走了一個半鐘頭才走到山上。

等喪家一一處理完所有事情之後，開始發草仔粿給大家吃，當他們喊我過去吃，只見我蹲在墳墓旁邊一直哭，大人急忙問：「怎麼了？」我哭著說：「肚子痛！」

童年時可愛的白冰冰。

後來才發現原來是旗子插在我的肚臍上兩個鐘頭，肚臍都已紅腫又破皮，肚子當然痛得受不了，大人們不禁說道：「真是可憐啊！」

除此之外，我還賣過冰棒。媽媽釘了一個木頭箱子，在箱子底部鋪上一層稻草，稻草上鋪一條毛巾，上面放了將近二十枝的冰棒，冰棒上再鋪一塊毛巾之後蓋上木板蓋子，用一條繩子讓我背在脖子上，就開始四處奔走賣冰棒。聽起來好像很容易，但小小個子背著大木頭箱子，在大太陽底下穿梭，又擔心冰棒會融化賣不出去回家又會被媽媽毒打一頓，所以這個差事並不輕鬆。

雖然必須用最快的速度把冰棒賣掉，但當時年紀小覺得賣冰棒很丟臉不敢大聲的喊出來，只敢輕聲地問經過的路人要不要買冰棒。有些人會直接說不要就馬上走掉，有些人則是邊搖頭邊快步離開。

小時候家裡窮買不起鞋子，都是打赤腳，當腳背滴到冰棒因融化流下來的糖水時，我就知道完了！冰棒融化了！只能無助的站在路邊哇哇大哭。有位好心人經過，關心的問我：「小孩，妳在哭什麼？」我哭著說：「冰棒融化了！」好心人疑惑的問：「冰棒融化為什麼要哭啊？」我委屈的說：「冰棒融化賣不出去，回去會被媽媽打啦！」好心人覺得我很可憐，就說：「好吧！那我全跟妳買了，還剩幾枝呢？」

結果一掀開毛巾，冰棒幾乎都融化，根本看不出來還剩幾枝，但好心人看我哭得可憐，還是付了錢，直接就在木箱子上吃起冰棒。

我背著木箱子，看著好心人嘴裡吃著冰棒，融化的水順著他的手肘往下流，而我的眼淚與鼻涕也往下流，這有趣的畫面讓我們眼神交會時突然笑出來，我已經往下蕩的鼻涕還掉到融化的冰棒上，好心人笑道：「喂！小朋友，這下子我怎麼吃？妳的鼻涕跟冰棒融化在一起了。」兩人哈哈大笑，至今都很難忘！

小女孩的明星夢

第一次聽到有聲音從收音機裡跑出來，我非常好奇收音機這麼小，人是怎麼進去的？但也是收音機讓我無師自通學會了唱歌。

有一天送飯盒到工地給爸爸，一面走一面唱著《流浪三兄妹》[2]的主題曲，沒想到一個不小心飯盒掉到地上菜也翻了出來，我趕快把飯菜撿回盒子裡。當我拿給爸爸吃時，一直低著頭等著被罵。想不到爸爸吃了一口吐了幾粒沙，皺了一下眉頭

2 臺灣早期臺語片，臺語片著名導演邵羅輝一九六三年作品。

後，看都不看我一眼，一下子就把便當吃光了。我想，爸爸一定知道，只是心疼我不願責備我吧！

當時的臺灣已經有電視[3]了，只是大多數的鄉下人還沒有看過。里長伯家裡最先買了電視機，附近的孩子們多了一項娛樂。我對電視也很好奇，只是家事太多，沒時間去看。很多小孩愛看的卡通《太空飛鼠》[4]和影集《靈犬萊西》[5]我都只是聽說而已。偶而，跟著一群小孩擠在里長伯家的窗戶外看電視，一群人指指點點、嘻嘻哈哈。主人嫌吵把電視關了，小孩們不死心待在原處，盼望等一下電視會再打開。等久了，小孩就會大叫：「再開一下啦！」若是主人高興，就會再打開電視，不然就是大罵：「走啦！死囝仔脯。」

年節，里長送給里民的明星月曆就成了房間的壁紙。看著牆上的明星，我夢想，自己將來也要當明星。

3　一九六二年臺灣進入電視時代，臺灣電視公司開播、大同公司開始生產電視機。至一九六四年為止，臺灣擁有電視機的家庭還不到總戶數的百分之二。

4　Mighty Mouse，美國電影動畫短片，一九七九年至一九八〇年於臺灣電視公司播出。

5　Lassie，臺灣播出的第三部外國影集。臺灣電視公司於一九六三年開始引進播出。

那時衛生環境不好，很多女生都長頭蝨。有一次媽媽拿了殺蟲劑，泡了一桶水讓我洗頭除蟲，洗得太用力抓破了頭皮，當場痛到在地上打滾。幸好鄰居聽到哀嚎，跑過來看到我整個臉都腫了，趕緊提井水來沖洗我的頭。老天爺保佑，殺蟲劑沒有流進眼睛，否則早就瞎了。

當時還有一些傳染病，包括白喉、百日咳、瘧疾、砂眼、小兒麻痺……。窮苦人家沒有電風扇，一到夏天全村的孩子都長痱子，看著隔壁人家撒著香涼的痱子粉，我們羨慕的不得了，只好一癢就抓，抓破了又痛又癢，身上體無完膚，就這樣抓到小學畢業。

我常想，為什麼我的身分證登記的出生日期比實際晚了四十一天，如今我終於明白，原來窮苦人家生病沒錢醫，等養活了再去登記也不遲。

我的學生時代

一九六一年我開始上學，那時候的小學叫作國民學校簡稱國校。我家在山區偏僻的地方，每天上學要走一個小時。

學校規定上學要穿鞋，一雙鞋幾個孩子輪流穿，穿到鞋底都破了還在穿，下雨天雨水跑進去，走路會吱吱叫很不舒服。我經常赤腳走路只有在學校裡才套上鞋子，碰到大熱天，赤腳走在柏油路上簡直就像煎人肉餅，燙死了！

兄弟姊妹們都只有一套制服，穿髒了晚上洗一洗，隔天一早即使還沒乾也得穿著去上學。放學時好不容易衣服乾了，回家背著小弟妹制服卻又被尿濕。

有一次我在水井邊洗衣服要打水，想不到那桶水太重了，我不但拉不上來反而被桶子拉向井裡，眼看就快要跌進井裡。我嚇壞了，不知怎麼辦才好。其實我只要把繩子放了也就沒事了，但是在我心裡桶子是不能丟掉的，否則回家一定會被打。

於是我就和那桶水僵持著，一個人掛在井口看著井水，好深好深啊！不知過了多久，我沒有叫也沒有哭腦子一片空白，只是覺得自己就要死了。突然，背後一雙手抱住我的腰，連人帶著繩子一起拉上來，兩人跌坐在地上。原來是我的導師施雪瓊老師，我嚇得發抖，老師也在發抖，然後兩人一起放聲大哭。

人緣極佳受到許多學生敬愛的施老師，平時就很關心我，常常對我說：「白月娥，妳臉色不好、營養不夠，最好多吃一點肉喔！」我不敢說出家裡的狀況心裡卻很感激老師的關心。後來老師知道了我貧困的家境，更在一些規定上通融我、安慰

月眉國小畢業照。

我。但與施老師的緣分僅三年就結束了，由於新設立的月眉國民學校離家比較近，東信國校念了三年後就轉學了。

轉入月眉國校後導師是位男老師，雖然我的成績一樣是最好的，卻不再有老師的關愛。

有一次我得到市長獎，由市長親自頒獎。我在臺下等著領獎時，老師突然對我說：「妳的制服太舊了，不好看！」我看到老師叫一個同學過來，以為老師是要那個同學把衣服脫下來借我穿。想不到，原來老師是要那個同學上臺，代我領獎。臺下，我的眼眶紅了，但我忍著不哭出來。雖然當時還小的我無法抗議，但這件事卻激發了我努力向上的決心。

一九六七年我成績優異的從國校畢業，考上大家夢寐以求的好學校[6]，正懷抱著求學夢，沒想到媽媽卻把我的學籍賣掉了。我跟著介紹人來到一個有錢同學的家裡，把准考證及錄取通知單交給對方，對方給了我兩百元，又送我一包口香糖，還對我說：「不能吞下去哦！」

那是我第一次吃口香糖。

回家路上，一面走一面吹泡泡。泡泡破了黏在嘴邊，摳下來塞進嘴裡再吹一個泡。我不停地吹著一個又一個的泡泡，我的升學夢，就像泡泡一樣幻滅了。

黃毛丫頭勇闖江湖

沒有繼續升學的我去餐廳應徵當服務生，老闆嫌我只有十三歲，年紀太小。後來托人幫忙，我才被介紹到基隆一家成衣廠當女工。

起先我被安排做的事情是剪線頭，雖然這是最簡單的工作，不過做久了手就會

6 一九六八年政府實施九年國民義務教育，小學畢業後不用再考試就可以直接念國民中學。

磨破皮，流血了結疤，結疤了也還會再流血。接著，我被調去釘鈕扣的部門，釘鈕扣雖是一成不變的動作卻有危險性，機器上的針不小心就會刺到手。

有一天，我在工作時一個不注意，突然感到椎心的痛，我大叫一聲，右手的大拇指被針刺穿，針頭斷了插在大拇指上，血一直流出來，我嚇壞了，淚流滿面卻哭不出聲。一個老技工趕快跑過來抓起我的右手浸在機油裡，再拿出鉗子把針頭拔出來。好心的老技工還幫我擦了消毒藥水，叫我趕快回家，休息一星期再來。但是我擔心休息太久會丟了工作，隔天看傷口稍微消腫，就又去上班了。上班後，手傷未好動作慢衣服積了一大堆做不完，手又痛，想哭也不敢哭，只怕被領班知道，一定會說：「妳太小了，本來就不能當女工，以後不要來了！」

人家說禍不單行，我右手大拇指被針刺到的同樣地方，後來又被刺了一次。那次，只有我一個人加班，被針刺到時沒有任何技工在場，我自己不敢把針頭拔出來，忍痛跑到警衛室求救，警衛竟然也不敢動手。最後我決定自己來，依照上次的經驗，把傷口浸在機油裡，拿起鉗子夾住針頭用力拔出來，當時覺得自己好勇敢。直到二十年後，我想弄清楚右手大拇指為什麼常會不明所以疼痛，就去看醫生、照X光，這才發現，原來有一截針頭已經在我的大拇指裡與我共存了二十年啊！

成衣工廠小女工生活。

我覺得當女工沒有前途想學做生意，就到街上的豆漿店做小學徒。結果每當有客人上門時，豆漿店老闆就看著矮小的我爬上小凳子，左手拿著寬口碗、右手拿著比我手臂還長的杓子舀豆漿，由於對不準常常燙到手，老闆說他看的心驚肉跳，第二天就叫我不用來了！

後來媽媽的朋友說可以介紹我到臺北一個醫生家裡幫傭。過了幾天阿姨帶我來到了一棟美麗的洋房，一個美貌婦人出來開門，皮膚好白。結果這一趟白跑了，慢了一步，這家人已找到別的女孩來幫傭了。

那位婦人看著長得小小的我，隨口就問：「妳今年幾歲？」

「十三歲！」

婦人拉著我的手說：「這麼小，一雙手就做到這麼粗，真可憐！」想了一下又說：「等我丈夫回來，介紹妳去做護士！」原來，那位婦人的丈夫是醫生，開了一家診所。

當晚，我和阿姨被留下來吃飯。飯後，我幫忙洗碗時看到先生娘站在陽臺上一直往下望。等到十點先生還不回來，先生娘也沒說什麼，就留我們過夜。正準備睡覺時，我突然聽到先生娘在房間外面叫：「小妹妹，趕緊出來給先生看一下！」

醫生對我說：「寫字給我看一下！」

「要寫什麼？」

「寫妳的名字啊！」

我寫好名字醫生看了一下，皺了皺眉頭說：「慢慢寫，再寫一遍！」我再寫了一次，醫生搖頭笑著。我知道，自己沒有時間好好練習寫字，寫的字太難看了。隔天，醫生果然說我太小，還不能當護士。我心裡覺得好難過，與阿姨正想離開，善心的先生娘說：「妳們沒有來過臺北，難得來一趟，我帶妳們去走走。」

第一次走進百貨公司，我看呆了。看到手扶電梯一層一層的被捲進機器裡，真奇妙啊！回神時才發現大家都不見了，我嚇得腦中一片空白。不知過了多久才聽到有人廣播：「白月娥，請到服務臺來！」但是，我根本不知道什麼是服務臺，也不敢去問人家。我一直站著不敢動，突然聽到阿姨大叫：「妳走叨位去？真是好佳在！」一看到大家都來了，我紅著眼眶，總算安心了。

先生娘走過來拍拍我的背，輕聲的問：「妳穿幾號衫？」我還在想什麼叫做幾號的衣服時，一群女人突然衝了過來，帶頭的那個最凶了，大罵先生娘，猛打先生娘的耳光、抓先生娘的臉，還拿高跟鞋敲先生娘的頭。先生站在一旁，看著先生娘血流滿面，只有緊張無奈的表情完全不敢勸架，大夥兒眼睜睜看著先生娘被打。我雖然還小但也懂，原來那位好心的先生娘是人家的「細姨」。

回家時，坐在火車上，阿姨看著窗外不說一句話，我也安靜的什麼都沒問。小小心靈不懂感情，但是對那位好心的先生娘，我是同情的。

雖然不知道後來先生娘的境遇如何，但經過了人生無數歷練的我可以想見，先生娘可能繼續偷偷的與人共用一個老公，也可能被捉姦以後，那個沒擔當的男人就乖乖回到大老婆身邊，不再繼續照顧她了。所以，奉勸女性們要懂得照顧自己，得先想好後果才決定是否當小三。

是護士也是清潔工

在臺北做不成女傭也做不了護士，只好留在家裡幫人洗衣服。不過還是跟護士、女傭這兩個職務結了不解之緣。

那是一家女醫生開的診所叫做陳小兒科。我的同學本來在那裡做護士，因為想要繼續念書就介紹我去。我聽到一個月有兩百元的薪水，很高興的就答應了。女醫生是受日本教育的，五十多歲了還沒結婚，看來非常嚴肅臉上少有笑容。診所在一棟四層樓的樓下，女醫生和家人住在樓上，家裡還養了兩隻當時很流行的狐狸狗。

從沒學過護理的我到了診所，才知道我的工作不只是護士，也兼女傭。

我學習做護士的工作，登記名字、找病歷、量體溫、洗針筒（當時還不是拋棄式針筒，是玻璃筒需要清洗消毒）、包藥、還要趕快練習打針。我還要擦四層樓的地板、洗全家人的衣服、幫兩隻狗洗澡，真是全方位女傭。

第一次上陣時，看到狐狸狗的尾巴捲成一球，就伸手去拉，結果被咬了一口，流了很多血。從此，我很怕那兩隻狐狸狗，但還是得克服恐懼感，幫牠們洗澡。

診所早上八點開門，晚上十點關門，我則是早上六點就要起來準備，一直做到晚上十二點才能睡覺。吃飯時，我不能在餐桌上和大家一起吃。自己一個人拿著大碗公，裝滿了飯，上面放著幾塊蘿蔔乾，坐在診療室內，一邊吃、一邊看門。沒有湯可喝，口渴了就去拿患者用的水杯來裝水。我的床，就是診所內的看診床，床很窄，常會跌下去。夜裡，有人來按鈴急診，便慌亂的趕緊起床，把棉被塞在床下，開門應診。

有一天晚上，一個婦人抱著小孩來看病，打完針就回去了。不久那婦人慌張的又抱著小孩來了，女醫生一看，立刻叫我抱著孩子、攔了一輛車趕往大醫院。車上，那孩子皮膚已變成青紫色，女醫生急著幫小孩做人工呼吸……隔天，那家人跑來診所門口抬棺抗議，大聲叫罵。

這是我來診所工作第一次遇到「醫死人」的事件，女醫生心情很糟，我也很害怕，因為我懷裡抱過一個死掉的小孩。

連續半個月，小孩家人天天來醫院門口撒冥紙，若有人要進來，就哭訴這醫院醫死人。從那事件之後，醫院簡直門可羅雀。為了不想再聽到門口哭鬧的聲音，醫生乾脆把門關起來，躲在醫院裡休息了一個星期不開業。那幾天我看著醫生眉頭深鎖、沒有食慾，只有看看書、抱抱小狗，亦或是望向天空沉思。而我除了例行工作及打掃之外，唯一能做的事就是觀察她。這事件對她來講是個很大的打擊，而她在人前總是堅強的不露任何情緒，我在想，平常這麼嚴肅的她，到了深夜會不會掉眼淚啊？

曾經是護士也是清潔工的白冰冰。

生命的轉機

經過那事件之後，平常極度嚴肅的醫生好像變了個性似的，對我們都溫柔了許多，以前我覺得她有點不通人情，但自從出了事之後她就比較常跟我說話，可能我們曾經在同一事件有革命情感吧！平常看到她就躲得遠遠的我後來也比較不懼怕她可以看著她的眼睛跟她說話，也因此她瞭解了我因為家庭貧窮而不能升學的遺憾，就很鼓勵我上進。

女醫生有幾個姪子都在念書，留下很多課本。在診所又工作了幾個月後，有一天女醫生看到我在讀姪子們初中的課本，問我：「妳喜歡讀書嗎？」我點點頭。之後，女醫生鼓勵我半工半讀去念夜校，她會儘量配合我的上學時間調配工作。不負所望的我考上了夜校，每天一早開始診所的工作直到傍晚五點出去上課，等到晚上十點半回來後再做一些整理及打掃。好感謝醫生沒有因此扣我的薪水，我只有用功讀書報答她。

白天工作，晚上讀書、寫功課，把時間填得滿滿的，睡覺時間都不夠了更不敢奢望有什麼娛樂。

樓上是醫生的住家，她的家人圍著看電視我在擦地板，一面做事，眼睛偷瞄著電視上八點檔的連續劇《晶晶》[7]正在賺人熱淚；有時候我在廚房洗碗，臺視的黃俊雄布袋戲正在熱播著《雲州大儒俠》[8]，聽著大家的嬉笑聲，好盼望可以跟他們一樣坐下來好好看一次電視。

窮苦生活偏遇難關

屋漏偏逢連夜雨，家裡禍事連連，最後還是沒有讀書的命。

念完夜校初中部後接著再念夜校高中部，但卻在這時候爸爸做工時被壓傷，躺在醫院裡。接著，媽媽得了腎臟病，醫生說要開刀割掉一個腎臟。當時大哥在當兵、大姊已婚，我只好一個人扛下了全部的重擔，要到醫院照顧媽媽，還得趕回家為弟妹們準備三餐。

7　一九六九年中國電視公司開播，推出以反共和親情為題材的《晶晶》，是臺灣第一部八點檔連續劇。

8　一九七〇年臺灣電視公司推出黃俊雄的布袋戲，內容為主角雲州大儒俠史豔文帶領中原群俠對抗藏鏡人的故事。著名角色有：史豔文、苦海女神龍、劉三、怪老子、哈買二齒、藏鏡人、秦假仙等。

媽媽開刀那天，我在醫院急得像熱鍋上的螞蟻，醫生要我簽手術同意書、護士要我去買血。我帶著弟弟站在手術房外隔著玻璃看不清裡面，想著媽媽躺在手術床上一動也不動的樣子，待會兒手術刀就會從媽媽已消毒好的肚皮劃開，心裡害怕的一直哭著，旁邊的人看了都不忍心。

那一陣子我要照顧住在不同醫院的爸爸媽媽，兩邊奔波也就無法再念書了。我向診所請假太久，等媽媽出院以後，我回到診所才發現我的工作已經有別人在做了，無奈只好離開。爾後為了生活奔波，全家移居臺北也就失去聯絡。

近年我回故鄉探望故人時，車子經過診所，赫然發現診所舊址怎麼變成了公路局車站，我趕忙下車問附近的人才知道女醫生於十年前身故，這裡改建成車站已經好幾年了。

話說一個貧病交加的家庭，為了父母的醫藥費以及全家的生活費，我們只好把基隆的房子賣了，當時賣了十萬元，因為房子是祖產，所以分了一些錢給親戚，再搬到臺北租房子。為了省吃儉用與人分租了一個破舊又沒有窗戶的房間，全家人擠在一起，廚房和浴廁與人共用，每個月的房租八百元，就這樣暗無天日的過生活。

爸爸康復後無法繼續做工，就在臺北一家瓶子回收的處理廠做事，收入減少了很多。一個男人無法扛起全家的擔子，內心是很難受的。爸爸的心情我非常瞭解。我一直在想，我要做什麼工作才能趕快賺很多錢？

看著家徒四壁一家人饑寒交迫、弟弟們嗷嗷待哺，每當繳學費的時刻來臨就看著爸爸為此托腮愁苦，而我這個無業遊民除了跟著煩惱之外還擔憂著找不到工作。除了從報紙的求職欄找尋工作機會之外，也到社會局設置的求職站找機會，當時窮困的我根本就沒有朋友，連要求救都不知該向誰喊出。

信步走到麵包店的櫥窗前，看著裡面美味的麵包，店裡面有一個人還拿著剛出爐長長的土司很粗獷的扒開了就吃，看得我口水直流，可是口袋空空的我也只能快步走開，以免越看肚子越餓。為了不讓自己永遠陷在貧窮的境界，我必須要突破！但我能做什麼呢？

我想到了小學時候做的美夢——一個不可能完成的夢。我曾經說過我想要當歌星而被全村及全校的人當笑話，到如今，這不可能的夢我必須努力去完成，

但第一步該怎麼做呢？

臺北常常舉辦歌唱比賽，大都在星期天舉行。我經常一大早就換搭好幾班的公車趕去報名，有時要等到很晚才能唱到。我參加了好幾十次歌唱比賽，多半未被錄

取。當被錄取時卻發現主辦單位若不是想索取很高的訓練費用，就是另有不良意圖。

我覺得當歌星好難！但是，我仍不死心。

努力參加歌唱比賽實現夢想的白冰冰。

冰冰姊的頑張哲學① 有志氣肯打拼，窮人一樣也能出頭天

我出自貧困的家庭，童年不僅無法像其他的孩子一樣順利求學，還要負擔家計、照顧弟妹，雖然很努力的為家庭付出卻得不到母親的關愛。以前的老人家常愛說：「落土時，八字命」、「萬般皆是命，半點不由人」這一類命運天注定的話，但倘若真是如此，那麼世界上八字相同的人不就應該有相同的人生嗎？

我認為只要有志氣肯打拼，窮人一樣也能出頭天。所謂「命由天生，福由自求」只要努力往上爬勇敢的抓住機會，一定可以創造自己美好的人生。

現在時機歹歹全球都不景氣，朋友們千萬不可失志，愛拼才會贏喔！

Chapter
2

進入歌壇，奮力唱出青春的歌

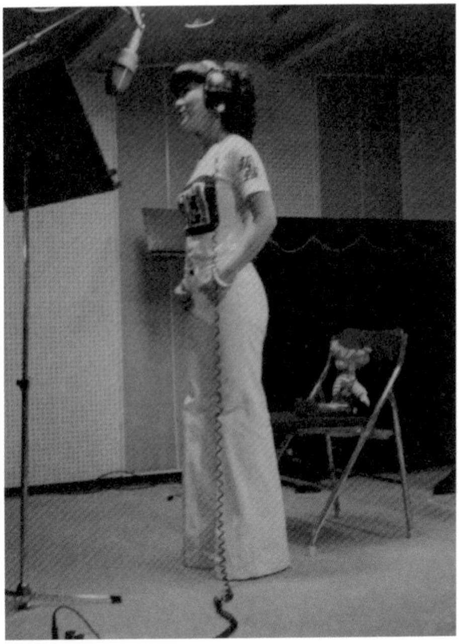

我常坐在窗邊看著遠方的風景
一顆心卻不知飛到了何處
只覺得眼前一片白茫茫
我想起了家鄉
一片白茫茫的菅芒花

我是白冰冰

努力不懈的白月娥終於接到錄取通知單，興奮雀躍！

那是一個隨片登臺（電影放映前登臺演出）的康樂隊。全省巡迴演出三個月，每個月薪水一千八百元。

一千八百元！在我的心目中是個天文數字，聽到了這個數字簡直不可置信，竟然能獲得那麼多的薪水。回家路上，我興奮的想怎麼準備登臺的東西。走到一個賣布的小攤子，挑了一塊花布。「妳要做窗簾，還是做被單？」老闆無心的問了一下，我不敢說要做禮服，付了錢，拿了花布就走。回家後，我把花布剪一剪、縫一縫也做出了一件禮服。我一邊試穿禮服一邊告訴媽媽：「我要去臺北做歌星了！」

演出的第一站——苗栗縣通霄鎮。

演出前，我把自己做的禮服拿出來，大家看到那件用被單做的禮服，笑得東倒西歪。

我被安排在第一個出場。

上臺前，主持人問了我一聲：「妳叫什麼名字？」

「白月娥！」

「真俗氣！」

接著，開演了。主持人介紹第一個節目：「現在讓我們邀請轟動臺北、青春美麗、活潑可愛、小鳥依人的學生情人——白冰冰出場！」在後臺的我愣住了，東張西望，心想：「誰是白冰冰？不是叫我第一個出場的嗎？」「讓我們再一次掌聲鼓勵，請白冰冰出場！」主持人又說了一次。突然，有人把我推到了臺前。我站在臺上，強烈的聚光燈照在臉上，臺下坐了多少觀眾都看不清楚，加上一層層乾冰更看不見舞臺的盡頭，深怕跌下去，雙腿不禁有點發抖。

好不容易一首歌唱完，鞠躬往回走，第一次穿高跟鞋，加上抖得不聽話的雙腿，以至於重重的拐了一下，差點跌倒，引起一陣哄堂大笑！下臺後，我哭了。一位女團員告訴我，那件禮服太硬穿起來太醜了，新衣服一定要把漿洗掉，才會變軟。

第二天，那件洗過的禮服乾了，卻大幅縮水，勉強穿上後，拉鍊卻拉不起來。我只有那件禮服，只好勉強穿上臺，那衣服花色褪了一半，又皺、又短，有人說好像是「鹹菜」一樣，結果又被笑。團主看不過，無奈借給我半個月薪水，請我趕快去買一件現成的舊禮服。

終於考上康樂隊了！

康樂隊的演出，大概每三天就要換一個地方，一站一站的走。一天大都演出三場，下午一場、晚上兩場。

團體生活，大家都是在戲院裡打地鋪睡覺，男女分區。女孩子睡的地方，每三個人就用一塊布簾子隔著。團主還會在戲院附近的旅館開一個房間，讓大家輪流去洗澡。

我也跟表演舞蹈的團員一起排練，學了一些爵士舞。有時跳舞的人臨時有事，我還可以派上用場。

斷線的風箏

一眨眼三個月過去了，巡迴演出結束康樂隊就解散，我也就跟著失業了。一個人東奔西跑、求爺爺告奶奶，但是沒有知名度的小歌手就是沒有歌廳要採用，好不容易實現的歌星夢，就像斷線的風箏在風雨中飄搖。

一個年輕的樂師主動說要介紹我到臺北的歌廳唱歌。我被介紹到各歌廳、夜總會去面試，但是都未被錄取。沒有一點知名度的我，誰會看得上呢？我也知道，那個熱心幫我介紹工作的樂師找的只是樂師的管道，那是沒有什麼用的。

臺北沒機會，那麼就去宜蘭試試！那個樂師還是很熱心的一大早就騎著一輛五十CC的摩托車，載著我，騎往宜蘭。

我們走的是「九彎十八拐」的北宜公路！那時的北宜公路的路況極差，既危險又恐怖，一路上撒滿了冥紙……

山路彎彎曲曲，我坐在後座，女孩子不敢跨坐更不敢去抱男孩子的腰，常常一個轉彎，就會從車上摔下來，不知摔了幾次，摔得鼻青臉腫。走走停停的趕路，沒吃中餐，也沒吃晚餐，到了晚上七點多，終於趕到了宜蘭的一家小歌廳。

在那家小歌廳裡，我穿著又皺又髒的衣服，還帶著一身的疲倦和傷痕血水，正要上臺立刻被經理制止，說是不缺人了。

兩個人被趕了出來，互相都感到抱歉。後來，還是樂師先開口：「我請妳去夜市吃水煎包。」夜市的攤子上，又一次失望的我吃不下，催著樂師趕回臺北。

黑夜裡，一場大霧，北宜公路更可怕了！好幾次，我的腳擦到山壁，整個人跌在冥紙堆上。最後，摩托車的車燈也撞壞了，我們知道不能繼續騎車，否則黑暗中萬一摔到山下，真的會粉身碎骨。想攔一輛車，可是整條公路陰森森的，尤其我一路跌跌撞撞，又身穿白衣全身流著血，看到我的人還以為見鬼了，怎麼攔也沒有人敢停下來。直到天快亮時，我才回到家裡。媽媽看到我一夜不歸，身上都是傷痕，還來不及解釋，就又是一頓臭罵！

那個樂師一再幫不上忙，好一陣子都不敢來找我。我猜想，那個樂師一定是喜歡我，才會對我那麼好。也曾想過，我應該珍惜一個對我那麼好的男人。但那時滿腦子只想賺錢，沒多餘的時間想其他的事情。

雖然白跑了一趟宜蘭，但我並沒有因此放棄，仍繼續不斷地找尋機會。有一天，我遇到一位以前康樂隊的女團員，她介紹我去三重國園餐廳，但那裡的表演很雜，唱了一段時間後我就想另尋舞臺。當時有一位臺語演員覺得我的日本歌唱得不錯，就介紹我去真仙樂大歌廳。在真仙樂遇到了郭金發兄弟，郭金發教我如何用感情唱歌，我學到了很多。之後，郭金字又介紹我到藍天歌廳，他特地寫了一張紙條要我交給唱《香港戀情》走紅的黃瑞琪，那時他在藍天當後臺主任。

紙條上寫著：「這女孩很乖，家境很苦，請幫助她。」因為這一張紙條，我在桃園藍天歌廳得到演唱機會，唱了七個多月。

住在宿舍裡省吃儉用，把賺來的錢全部寄回家。不吃早餐和午餐，晚餐在歌廳裡吃，不必花錢。那時一位住在桃園的舅舅經常來捧場，阿舅生活雖然也很苦卻有窮人的志氣，買票進場絕不看白戲。有時阿舅還會騎摩托車載我去吃消夜，讓我感受到親情的溫暖。

宿舍的樓下就有一間豆漿店，大家都喜歡去吃只有我從來不去。有一天，一位

康樂隊結束後，開始了舞臺生活。

家境不錯的女歌星王可麗，在隔壁喊著：「白冰冰，下來吃東西！」我說我不餓，過了一會，王可麗丟過來一張包了一個小石頭的五十元紙鈔，一句話也沒說就下樓了。當時我感動到眼眶都紅了，心裡想著，王可麗這個人真好，但也覺得很丟臉，被看出太窮了。

第二天在歌廳後臺見面，好想跟她說一句謝謝，但靦腆的我就是無法把感謝說出口，只是點個頭就害羞的跑開了。王可麗真是善有善報的印證，她嫁了一位殷實的商人，子女也都非常優秀，住在高雄澄清湖畔的別墅裡，現在偶爾也會上我的臉書按讚為我加油，真是人生益友。

不久，藍天歌廳倒閉了，連最後兩個月的薪水都發不出來。還好，有一對喜歡聽我唱日本歌的呂世樑夫婦，介紹我到臺北有名的金龍酒店，並且送來祝賀的花籃和花圈，讓我無限的感激。

金龍酒店是一流的歌廳，我卻沒有一件好一點的禮服可穿。有一天我聽說有人要賣二手禮服，就趕快跑去看。很高興的挑了兩件有亮片的禮服，問對方要多少錢，可不可以讓我分成幾次給她錢（當時還沒有分期付款這個名詞）？那女歌星跟我不熟，看了看我說：「沒關係，明天再算好了！」第二天，我才知道，原來她已經搭飛機去美國了。

她的名字叫做嚴如冰，我一直沒有忘記她的好意。她比我年長幾歲是我的前輩，我探聽到她其實是去美國結婚的，我們演藝圈的人要維持婚姻生活不容易，祝福離開演藝圈在美國生活的她，能夠婚姻美滿、家庭幸福。

我在金龍酒店打下了演藝事業的基礎，除了唱歌，也學會主持。有一次，歌廳臨時找不到主持人，我自告奮勇，表現了大牌主持人的氣勢。

我還學會了演短劇。那個時期歌廳都在流行演短劇。有一次需要一個人來演「乞食囝」，鼻子被塗黑、臉上畫黑點，扮相很醜。沒有人要演，我接下了這個角色。

劇情是我跟著阿公到處找阿母，一副可憐兮兮的樣子。表演時，想到自己從小命苦，不知不覺就淚流滿面。臺下一些心軟的女人，一百、兩百的鈔票往竹簍子裡丟。一齣戲，大受歡迎！演得欲罷不能，觀眾丟給「乞食囝」的錢還真是不少。但是，我從來不敢過問，這些錢最後到底被誰拿走了？

我在歌廳慢慢打出了一點知名度。但是，想要成為在電視臺表演的大歌星，那還早得很呢！

那個年代民眾的娛樂不多，一般人都在家看電視，比較有錢的人才會去歌廳聽歌。一九七五年四月五日，蔣介石先生去世。全臺灣的電視節目停播一個月，各種娛樂場所也停業一個月。

第一次領到一千八百元的薪水時為家人添購新衣的白冰冰。

日本我來了

一個月後，金龍酒店重新開張，我又開始登臺表演。

有一天，我唱了一首日本演歌。臺下，一位日本人說，想不到一個外國人可以把日本演歌唱得這麼到位。然後，他拿出了名片——松竹映畫株式會社香港辦事處支店長．金井千城。

原來，松竹正在籌拍一部新片《空手道大戰爭》，需要一位臺灣女演員，今井千城很欣賞我，請我到香港參加松竹的演員招考。

第一次出國，我很高興的告訴爸媽。爸媽不懂，只能告訴我不要被騙就好了。

在香港，松竹舉行的演員招考有上千人報考，考試的科目是演技和武術。首先，考演技，考一個剛被遺棄的女人，內心在哭泣卻不能掉眼淚。我雖然沒有被遺棄的經驗，但只要一想到自己的身世，苦瓜臉就自然的擺出來了。再來，考武術，考打鬥動作和跳彈簧床。

我哪裡懂得什麼武術，只是想自己既然從老遠跑來一切就要拼了。我打得很賣力，也不管動作多麼不雅。被要求跳彈簧床，沒跳過的我勇敢奮力一跳，結果落地時，跨坐在彈簧床邊緣，一腳插在網子裡一腳掉出網外，脊椎骨真是痛死了，我卻裝著若無其事，含著眼淚趕緊爬起來。

結果，兩項考試我都得了最高分。當場，松竹決定用我，並且要我準備到日本受訓（我想日本人應該是被我的積極態度所感動）。

那時，在日本，歐陽菲菲正以《雨中徘徊》走紅，鄧麗君也開始以《空港》崛起，我期待成為歐陽菲菲和鄧麗君之後的第三位，一顆心就飛到日本去了。雙十年華的我，在松竹人員金井千城的陪同下搭乘華航班機，從臺北飛往東京。

飛機上，金井千城一直有話要對我說，不過我的日文程度只是皮毛而已，無法溝通，兩人只好比手畫腳。

松竹是日本一家很大的電影公司，在既定的宣傳計畫中，我是一位三千人中選出來的臺灣少女明星，從臺灣到日本，即將成為新片《空手道大戰爭》的女主角。因此，金井千城想要告訴我，下飛機時松竹的宣傳部門會安排人員前來獻花，還有一批記者也會來拍照和採訪。

不久，飛機降落在東京的羽田機場，我走出來接受獻花。突然，一大群記者擁了過來，閃光燈閃個不停。剎時間我傻住了，不知如何是好。幸好，金井千城趕快站到我的背後，把我的右手舉起來，叫我揮手。揮手的那一刻，我才明白，我真是要來當明星的。

在松竹人員的安排下，我先參觀了松竹在東京的總公司，接著準備再去參觀片場。松竹的片場在一個叫做大船的地方，離東京有兩個多小時的車程。

在總公司時，我被詢問以後是要住在東京的飯店每天再搭車去大船的片場，還是要直接住在片場的宿舍？當然，飯店比較舒服，宿舍就比較簡陋了，但我想，從東京到大船要搭兩個多小時的車實在太遠了，就選擇住在宿舍。

傍晚，我抵達片場時，看到了明星松田聖子從一輛賓士轎車中走出來，一身華貴的衣服，抬頭挺胸、明豔動人，旁邊還跟著經紀人、司機、化妝師和一個提皮箱的人。

大明星，好大的排場！

我看了好羨慕，心裡想著：「有一天我也可能這樣子嗎？」

這是松竹為白冰冰設計的造型。這張珍貴的照片是白冰冰從字紙簍中搶救回來的。

嚴格的訓練．思鄉的心情

我搬進片場的宿舍，宿舍雖然簡陋，不過對一個窮人家的女兒來說並沒有適應上的問題。只是，我還不習慣陌生的環境，以及人在異鄉的孤獨。

那個宿舍，除了一個管理員外就只住著我一個人。

老舊的木板房間，夏天還好，一到冬天，寒風從縫隙中鑽進來，凍死人了！房間裡，沒有衛浴設備，走到外面的廁所不算太近，走到浴室就嫌遠了。而且，公司方面為了讓受訓的人專心，也不安裝電話。

從片場到宿舍必須走一段路。晚上只有一盞路燈，走路讓人提心吊膽。冬天，滿地積雪，走路還會摔倒。

白天片場非常熱鬧，晚上很少拍夜戲，大家一走，片場就變得冷清了。

太冷清，就會有一些幻象，即使只是牆上的壁虎、樹叢裡飛過的螢火蟲、草地上跳出的青蛙，以及各種怪蟲的怪叫聲，都會讓人害怕。尤其，那些古裝的場景和道具，夜晚看起來更可怕。

我在那個宿舍住了一年多，單身的姑娘、思鄉的情懷，誰懂得我的心？

松竹公司請專人指導白冰冰學習空手道。

我常坐在窗邊看著遠方的風景，一顆心卻不知飛到了何處，只覺得眼前一片白茫茫。我想起了家鄉，一片白茫茫的「菅芒花」。

松竹為我安排的受訓，長達半年。每天都要到片場上課，課程內容包括日文、表演、禮儀、美姿、插花、茶道和穿著和服等，各科老師的要求都非常嚴格。那時，我不喜歡學插花和穿和服，覺得沒有用。後來我才明白，這些課程可以培養內在的氣質，凡是上流名媛都一定要學。

至於空手道，則是不想學也要學的。那個空手道教練沒有一點憐香惜玉的紳士風度，出手好狠啊！我常被打到爬不起來，有時也會練到肌肉拉傷。

疼痛時，我只好自己安慰自己，小時候常被媽媽打，這次卻是自己甘願跑來讓人家打的，我也常鼓勵自己：「忍耐！加油！加油！」

臺灣的山口百惠

我在松竹的日子，一個可愛的臺灣女孩，人緣好極了！

我的日語不好，只能一邊講一邊比。頭髮中分不會講就用比的，指著頭髮中間，

日本各大媒體爭相報導白冰冰的消息。

左邊「莎喲娜拉」、右邊「莎喲娜拉」，大家弄懂也就笑了，這個女孩太有趣了。大家覺得我有趣，就會取笑我，我越是無辜就越得到大家的喜愛。有一次，導演發脾氣，大家就把我推到導演面前，導演看到我一臉慌張的樣子，想氣也氣不出來了。

我來日本時，帶了一件當時在臺灣相當流行的大紅色棉襖，非常搶眼。那件紅棉襖雖然是在地攤買的，穿起來卻相當有特色，讓人一看就知道我是臺灣女孩。後來，每次有貴賓到片場參觀時，我都被指定要穿那件紅棉襖出來亮相。

在松竹有計劃的安排下，我不斷在日本的報紙、雜誌和電視媒體上曝光，慢慢也有了一點知名度。那時，一些報紙和雜誌為我下了誇大的標題，例如：「臺灣的山口百惠」、「東南亞最紅的女星」等。我的武打技術也被大力吹捧，變成了「李小龍的嫡傳弟子」，一個極有潛力的功夫女星。

松竹幫我宣傳，有一次說得太過火，卻又堅持說了就要做到，結果把我累壞了。那次的宣傳詞，我除了是臉蛋漂亮、身材姣好、武術高強、頂尖的歌手、一流的明星之外，還擅長鋼琴、吉他、芭蕾、游泳。這麼一說，我可慘了，鋼琴和吉他無法速成，芭蕾和游泳卻勉強可以在短期內訓練出一點樣子。因此，松竹就下令對我展開「猛特訓」，兩星期之後再安排採訪和拍照。

我學芭蕾，踮著腳尖練習走路、平衡以及一些基本動作。老師在一旁盯著，我越跳越痛，痛得哭了出來；我學游泳，不會換氣，只會很用力的遊過去，憋不住氣時，就側身大口吸氣，那種表情、那種不知叫什麼的姿勢，說有多難看就有多難看。老師一看，笑得幾乎要倒在地上了。但是，難學還是要學，誰叫我要當明星呢？

在松竹，我受訓半年後就開始拍片，片子拍了半年多就殺青了。一部叫做《空手道大戰爭》的片子，當然是以男演員為主，我的戲不算多，卻也是兩位女主角之一。另一位女主角是日本女星夏樹陽子。

在臺灣，我本是歌星卻未出過唱片；想不到我來日本拍片，竟然有機會出了第一張唱片，唱的還是電影的主題曲。後來，我再出了《哀愁的藍色列車》、《功夫悲歌》、《忘不了》、和《再會吧！Joe》幾張唱片。

在日本期間，我一度被改成了洋名字 Susanna Sue，蘇珊娜絲。原來，一開始松竹人員覺得白冰冰這個名字不錯，後來有人發現，白冰冰用中文念時，「白」的音聽起來很像日文的乳房；「冰冰」的音聽起來則像是日文讓男性興奮的意思，因此就改用英文名字。但，不久，又有人認為「讓男性興奮的乳房」沒甚麼不好，反而引人注意製造新聞。於是，白冰冰這個名字又復活了。

ジョーへの鎮魂歌(レクイエム)……
"あしたのジョー"のテーマ PART I
「グッバイ・ジョー」
GOOD-BYE JOE
作詞／梶原一騎　作曲／平尾昌晃
B面―雨のホノルル
スザンナ・スー
ORF-110 17cmシングル ¥600
9月1日発売
販売元：徳間音楽工業株式会社
●スザンナ・スー プロフィール●
キュートなフェイスと見事なプロポーションを持った
性トップ・シンガー。幼い頃から一流のタレントを目
モダンバレーのレッスンに励み、特にカンフーはブ
ーの直弟子として猛特訓に耐え、そのスピーディー
は華麗そのもの。台湾、香港の映画・TVには常時出
憐なヒロインを演じている。又、ステージは台湾のイン
ョナルな観光のメッカ、ファースト・ナイト・クラブに彼
チャーした「ショー」を持ち、トップシンガーとして活躍
【生年月日】1957年6月28日 22才
【特技】カンフー、水泳（ハイスクール・チャンピオン）、ヒ
ー、モダンバレー
【サイズ】B.86 W.57 H.86
【レパートリー】日本語曲、英語曲100曲以上
【映画出演代表作品】「死亡遊戯」（主演ブルース・リ
【所属プロ】梶原プロ 03-409-4641
SUSANNA SUE

日本發展期間所錄製的唱片

右頁圖｜《忘不了》　左頁圖｜《再會吧！ Joe》

來到日本一年多，我被日本人接受了，也得到松竹上上下下的喜愛，前途大好。《空手道大戰爭》已排定來年春天的好檔期上映，又是一個期待。

但是，一個異鄉女子，生活的寂寞、受訓的辛苦，我是需要被呵護的。因此，當有一個男人來呵護我時，很容易就迷失了方向。在那種環境下，我變得軟弱，忘了初到日本時的雄心大志，只想躲在愛情裡，甚至鑽進婚姻裡，把演藝事業都拋在了一旁。

這件事，我後來一直非常後悔。我想，如果不談戀愛、不去結婚，我一定會有機會在日本闖紅。果真如此，我早就是一位國際明星了，後來也不必落魄的回到臺灣，從頭做起。

冰冰姊的頑張哲學② 機會是給隨時做好準備的人

為了解決家裡經濟的問題，不到二十歲的我憑著毅力終於獲得了登臺演唱的機會，雖然時間短暫很快的又經歷失業、不穩定的歌廳駐唱，但我從不灰心也始終沒有放棄學習，因為我相信機會是給隨時做好準備的人的，用一句臺語俗諺「田螺含水等後冬，無門也會開天窗，有打拼就會有希望」來形容那時期的我是再貼切不過了。

在尋求駐唱賺錢的那段時期，有遇過環境複雜不適合的歌廳，也有歌廳關門大吉的，雖然工作不穩定一家換過一家，但一路上也都有貴人扶持相助。天助自助者，「無人通依靠，自己骨力做」，大家加油！

Chapter 3

泅泳在未知的命運大海

第一次遇見梶原一騎時下著大雪

那時的我天真無邪又可愛

今天又是一場大雪

但

一切都不一樣了

生命中第一個男人

來到北國日本第一次看到雪，實在很稀奇，卻也被雪凍壞了。第二個冬天，我才懂得欣賞雪。

又下雪了，好一個詩情畫意的美景。只是我沒想到，這竟然是左右了我命運的一場雪。

那天，我起了童心，拿個碗跑到片場門口，有顆美麗的松樹枝葉上滿是細雪，我用手抓起一把雪裝進碗裡，準備拌糖水來吃。突然我看到一群人擁著一個穿黑西裝的高大男人向片場走來。我怕拿碗裝雪會被取笑，就一溜煙逃走。我找了一個靠窗的位子，一邊吃冰一邊看著窗外，那從天上飄下來的雪花真美，吃在嘴裡陽春的雪花冰，冷得我打哆嗦。

突然有人在背後摸我的頭髮。我嚇一跳，回過頭來，看見剛才那個穿黑西裝的高大男人對我微笑。這時，片場的人趕快走過來，向那個男人介紹說：「她是臺灣來的新人，目前正在受訓中！」那個男人很正經的說：「這樣吃冰，肚子會痛哦！」大家一聽，也都笑了。

日本發展事業時認識的梶原一騎。

原來那個男人是一個很出名的漫畫家，也是一家電影公司的大老闆，叫做梶原一騎，出版了連載漫畫書，拍成的動畫片以及由真人演出的電影都非常叫座，像是：《巨人之星》、《明日之Joe》、《極真空手道》等等。在日本，梶原一騎贏得了一個「劇畫天皇」的稱號。他還自組電影公司，與松竹（株式會社）的社長成了好友。後來他還經營摔角、拳擊、相撲秀。

十幾天後，梶原一騎又來了！

我吃著便當看著窗外的雪花。突然有人說：「妳又在這裡，等一下還要吃冰嗎？」我愣了一下，才想到這個人是梶原一騎，連忙打個招呼。他看了一下我手上的便當說：「飯冷了，到餐廳去吃吧！」日本菜本來沒有滷蛋，他知道臺灣菜有滷蛋，為了討好我這個臺灣來的女孩，特別叫廚房煮了一個。我看到滷蛋非常高興，拿起筷子一插就吃了起來。

此後梶原一騎就常來片場看我，從一星期來一次，到兩三天來一次，每次還會從東京帶點好吃的東西來。這樣，四、五個月過去了，一個中年男子，一個年輕女孩，兩人常走在一起，有說有笑，卻沒有惹來什麼閒話。因為大家都覺得梶原一騎只是把我當成小妹妹看待而已，連我自己也是這麼想的。有時候這個大哥哥還會逗小妹妹，小妹妹也從不害羞。

「妳怕不怕我？」

「我不怕！」

梶原一騎好高興，覺得這個女孩子好特別。因為梶原一騎講話，別人向來不敢隨便回嘴，只有這個女孩子最是天真。

當時，我參與演出的《空手道大戰爭》很賣座，松竹公司指定我接著再拍一部《四角形的格鬥技》（四角形指的是擂臺）。

後來，梶原一騎開始帶我出去玩。本來松竹的規定很嚴，住在宿舍的演員不能隨便外出，不過梶原一騎是社長的朋友，也就特別通融了。

對我來說，宿舍生活一成不變，枯燥的日子無聊死了。因此，誰能帶我出去玩，誰就是最好的人。跟著梶原一騎出去玩很是風光，一輛賓士車，我們兩人坐在後座，前座是司機跟保鑣，後面還跟著另一輛車，載著經紀人和其他隨從。我們去東京鐵塔和一些風景區，還去參觀電視臺。有一次，我們經過「後樂園」，我起了童心，一個大想要進去玩。我坐著雲霄飛車玩得不亦樂乎，梶原一騎看了也是高興極了，一個大男人玩小孩子的遊戲，覺得自己也變年輕了。梶原一騎也會帶我去逛商店，但是節儉的我從來不買。梶原一騎更加覺得我跟其他女孩不一樣。

我們感情在發展，卻又不像是在戀愛，或許連我們自己也不明白。事實上，我的日語程度不是很好，與梶原一騎在溝通上還有一些困難。但是，我對梶原一騎似乎有一種既崇拜又畏懼的心理，不管他說什麼，我大都是回答「嗨！」（日語「是」的意思）

梶原一騎和朋友去喝酒，有時也會帶我一起去。一到風月場所，梶原一騎真是揮金如土。小姐們對他投懷送抱，他也樂得左擁右抱。當他有了幾分酒意，兩眼色瞇瞇，一手抓胸部，一手摸屁股，小姐們一邊躲一邊笑。梶原一騎接觸的女人，大都是身材姣好、容貌豔麗，他似乎就是喜歡這一類的女人。而且，他可能也覺得越是風流，越能展現大男人的氣概。這些，我看在眼裡，覺得好好玩。我也很好奇，這麼多漂亮的女人，為什麼會聚集在這樣的場所任由男人上下其手。酒店的小姐們看到梶原一騎帶著一個可愛的臺灣小妹妹，又這麼疼愛我，也都想過來巴結，說一些好話、送一些小禮物。小姐們還會請我唱歌，給我熱烈的掌聲，對我極盡奉迎。

在我的心裡，梶原一騎就是一個很照顧我的大哥哥和大老闆，也是一個大我將近二十歲的長輩，從來沒想到，梶原一騎會漸漸對我產生感情。

1

2

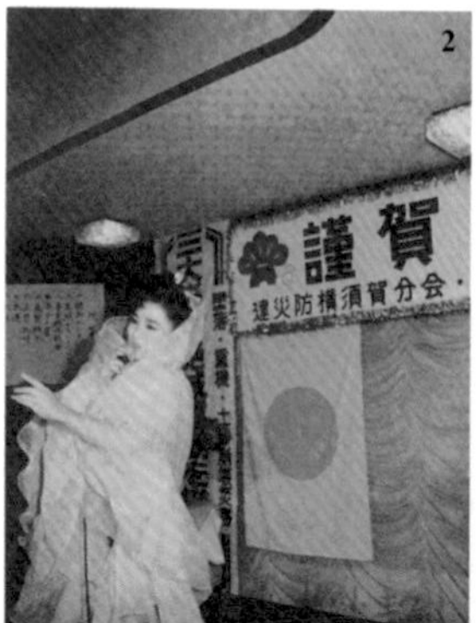

放棄大好前途

轉眼八個多月過去了。在梶原一騎電影公司的辦公室裡，他突然對我說：「結婚吧！」我愣了一下。梶原一騎伸出手指比著我，再比著他自己又說了一次：「結婚吧！」這次我聽懂了，低下頭，不自覺的說：「嗨！」

結婚，那是人生一項重大的抉擇。我才二十出頭，正要開創演藝事業，為什麼要嫁給一個大我那麼多歲又離過婚的男人呢？或許，我真的沒有說不的餘地。從小，我窮、被人看不起，現在遇到一個這麼有錢、這麼尊貴的男人，我很難抗拒。何況，我從來就不敢抗拒這個讓人又敬又怕的男人。

接著梶原一騎又說：「我的妻子演戲我會沒面子，妳不要演戲了，好嗎？」我想既然答應要嫁了就應該嫁雞隨雞，因此就回答了：「嗨！」但我立刻想到松竹，我該如何向公司交代呢？梶原一騎說：「交給我處理！」他立刻寫了一封信要我交給社長，又打了電話替我約好第二天與社長見面。

第二天社長見到我非常高興，一直說個不停，但我無心聽他說什麼，只想趕快告訴他我的目的。

右圖 1 ｜小有名氣後卡啦 OK 店裡開始張貼白冰冰的海報。

右圖 2 ｜受到各界邀請演出的白冰冰。

「我要結婚了！」

我一開口，社長嚇了一跳，手上的茶杯往桌上一頓，茶水溢了出來。然後，社長開始大聲說話：「我們和妳簽了三年合約，在妳身上投資了很多錢，我們可以告妳，要妳賠很多很多的錢，賠到妳七、八十歲了還賠不完……」

我不知如何是好，就哭了出來。社長看到我哭，心就軟了說：「對不起，我不是故意對妳凶的，實在是聽到妳這麼說，太意外了！」接著，社長又勸說：「別傻了，事業要緊，等妳走紅了，想要嫁誰都有機會，別被人騙了！」

就在這時候，梶原一騎打電話來找社長，社長先是罵了一句：「搞什麼名堂？」接著兩人就在電話裡吵了起來。社長不知講了多久，終於掛上電話，兩手一攤，再和我握一下手叫了一聲：「奧樣！」（就是夫人的尊稱）那一聲「夫人」把我沖昏了頭，什麼明星夢都擺在一邊了。

梶原一騎帶著我去買結婚鑽戒。在銀座一家最高級的珠寶店裡，各式各樣絢麗的鑽戒，不管多麼昂貴，任由未來的「夫人」挑選。我覺得自己年紀小，戴大的不好看，就挑了一個小的，大家都笑我好傻。

梶原一騎準備結婚，娶一個臺灣來的年輕女星，那是一條大新聞，媒體都大肆報導。婚禮在東京第一流的「帝國飯店」舉行，很多出版界、電影界和娛樂界人士都來祝賀，非常熱鬧。

那天，我穿著和服，一直跪著，跪到站不起來，實在難以適應。我沒想到，在我當了日本的「夫人」後，就像穿著和服一樣，也是很難適應的。

文化不同媳婦難為

結婚後，梶原一騎照常應酬、風流。但是我成為一個家庭的女主人，心態上變了，對丈夫的看法也就不一樣了。看到丈夫經常晚上不回家，剛開始還可以忍耐，慢慢就無法忍受了。

偶爾跟著丈夫去酒廊，但是我這位小妹妹已經變成「夫人」，大概是女人的忌妒心理，小姐們也就不再討好我了。

既然是「夫人」就必須端莊一點，也就不能再隨便說笑和唱歌了。結果一整夜我就是坐著，小姐們除了表面上應有的禮貌敷衍之外，沒人再理我，實在不是滋味，後來，我就不想再跟著去酒廊了。

我常會接到女人打來找我丈夫的電話。結婚三個月後，我和梶原一騎去夏威夷的別墅度蜜月，竟然也有女人打電話來。我覺得受不了就會吵鬧、發脾氣說：「我們結婚了，你怎麼還是這樣？」這時，梶原一騎也覺得受不了說：「我一直都是這樣，妳本來就知道的，我沒變，妳卻變得不可愛了！」或許沒錯，梶原一騎一直沒變，只是我自己在婚前和婚後的身分變了，看法也變了。只是一個新婚妻子，怎能忍受花心的丈夫呢？

還有婆婆太過威嚴也讓我害怕，文化和風俗上的差異，更帶來不少困擾。

記得有一次吃飯，我好意主動幫大家添飯、拿筷子。想不到，婆婆來到飯桌前，坐下來看了一眼臉色就變了，把我添好的飯倒回去，換了一個碗再重添一次。原來日本家庭的傳統規矩，吃飯時每個人都有一定的位子以及大小或顏色不同的專用飯碗和筷子，不能隨便搞混的。那一頓飯，我吃不了幾口，一直努力地在認每個人的飯碗和筷子，希望下次別再弄錯了。

另外，婆婆還認為，男人晚上出去應酬不回家代表事業很忙，那是女人的面子。因此，每次我倚門盼望丈夫回家時，婆婆告訴我不能這樣，否則會被傭人取笑。

婆婆泡茶，我也要跪在一旁學習。泡茶的時間很長，茶也不錯，但是我的心裡只有不安，一直在想，婆婆可能會問些什麼，我又應該怎麼回答呢？對我來說，做日本的媳婦，精神上的負擔實在太大了。

還懷抱著少女心的我卻要擔任三個小孩的繼母，上有婆婆、下有晚輩，再加上在婆婆的薰陶之下態度嚴謹的傭人，我覺得備感壓力。我終於瞭解什麼叫門當戶對，窮困鄉村出生的我，對上傳統日本的貴族家庭，我整天手足無措做什麼都不對，總會有人來糾正。

與婆婆一起前往神社參拜。

終於有一天盼得家裡沒人在，我童心大起，看到和室的榻榻米上堆了一疊坐墊，我想起每天跪坐在上面站起來的時候腳都麻痺了，有時站都站不起來，想起來就有氣，於是以助跑的方式往整疊墊子上飛撲，墊子順勢滑下來，我重新整理好再飛撲一次，覺得這樣好像就發洩了一些情緒，像孩子的我也兼把墊子當作玩具。當我飛撲第三次的時候，後面突然傳來尖銳的聲音：「妳在幹什麼？」驚嚇的我轉頭一看，心頭一緊「哇！是婆婆！」當然免不了一陣排頭。爾後好幾天，我見到婆婆就像見鬼一樣，躲得遠遠的，雖然知道是自己的錯，但我真的只是一個大孩子。難怪有句話說有錢人的飯碗不容易端（意思就是有錢人的媳婦不好當），我個人的境遇就是門不當戶不對的例子。

此外還發生過一件更可笑的事。梶原一騎告訴我，下班後會帶我去參加宴會，我高興的差點跳起來，我以為宴會就是我讀書的時候參加同學的舞會一樣，因此做了最炫酷的打扮。穿了有鉚釘的牛仔褲、再穿上當時很風行的釘鞋（就是走路會有「鏘、鏘、鏘」聲音的鞋子），配一個當時最流行的流蘇包，自以為很酷。

梶原一騎回到家，看到我那一身打扮差點沒昏倒。「妳怎麼穿成這樣？那是一個很高級的宴會，妳趕快在五分鐘內換一套得體的衣服出來！」一路上，我和梶原一騎兩人都沒講話，他很生氣，氣我怎麼那麼土，我也氣他沒把事情說清楚。

車子飛奔到達宴會現場，是在一間大飯店的最大宴會廳，現場冠蓋雲集，很多人過來打招呼，大家稱我為夫人，穿著長禮服的我禮貌的回應大家，戰戰兢兢的跟在丈夫身旁深怕出錯，但糗事還是發生了。

梶原一騎被請上臺說話，致詞完畢並沒有馬上回到我身旁而是跟著大家寒暄，這時候服務生把 buffet 的餐點蓋子全部打開，各式各樣的超高級料理一字排開，讓我看傻了眼，更覺得饑腸轆轆。看到大家開始排隊拿盤子取餐點，我往遠處一瞄，丈夫還在與人招呼，我只好加入取餐行列。當我取好餐正準備大快朵頤的時候，有人拿著高腳杯來向我敬酒，拿著滿滿餐點的我一時手足無措，就近把右手的筷子放到左手盤子底下的指縫中，趕忙端起一杯酒向之回禮。

這一幕被梶原一騎看到了，回程喋喋不休、碎念不斷，越念越生氣，他說我應該把手中的盤、筷都先放下，然後舉起酒杯與人敬酒，不是把筷子夾在指縫中，實在太不合禮數了。還說別人的盤子都是少少的幾樣點綴，而妳卻是尖尖的一盤，妳少老土行不行！又不是餓鬼出身，那餐不吃會死啊！用詞之狠毒，句句打擊到我心靈深處。唉！我不但是餓鬼，還是個窮鬼。

他明知我的學習還不足以應付上流社會的禮節，也可能是一個歡迎賢伉儷的宴會，他不得不帶我出席，但我還沒學習到，就直接被推上臺面了，我也是百般不願意出糗的啊！結果回家以後，他反而不生氣了，當作笑話講給婆婆聽，婆婆聽了以後並沒有一起笑，反而皺著眉頭看向我，那一霎那我像個做錯事的孩子，看著婆婆的眼神讀著她的心思，好像充滿了輕藐與鄙視。那幾天我與家人一起吃飯時婆婆還會刻意再教我一些禮節，我知道這是她的善意，但窮人家自由自在習慣的我，實在承受不起啊！每天我都度日如年。

漸行漸遠的婚姻關係

婚前，我看梶原一騎花錢如流水並不覺得什麼，但婚後就覺得心疼。他都在大餐廳吃飯，我很想讓對方體驗一下一般人的生活。有一次，好不容易把梶原一騎拉去路邊攤吃麵，他吃得滿身大汗、心煩意躁，一直罵著：「這有什麼好吃的，沒水準！」這句話，傷了我的心也傷了賣麵老闆的心。

我還在松竹電影公司時，每個月領薪水松竹都會固定幫我寄錢回臺灣，結果我結婚離開松竹反而沒有錢寄回臺灣了。梶原一騎明知我的娘家很窮，卻從不主動關心，我為了顧及自尊，雖然很擔心娘家的狀況卻也不敢開口要錢。

有一次，梶原一騎帶我外出、喝了不少酒，在回家的路上，司機開車經過一條很窄的巷子，有一個老人推著賣麵的攤子把路擋住了。梶原一騎很不耐煩，從後座伸手到前座去按喇叭，那個老人還是走不快，梶原一騎就叫司機下去趕。當時，司機也覺得這樣很沒禮貌，不知如何是好，想不到梶原一騎自己走下車，很粗魯的把老人推到牆邊準備要打人，我一看立刻下車想去拉住梶原一騎。結果，梶原一騎反手一揮，力道太大把我推倒了。梶原一騎發現把我推倒了，才走過去把我扶起來。那時圍觀的人越來越多，我已經氣得說不出話來。

回家後，我們吵了一架。我說：「不應該欺負窮人。」梶原一騎卻說：「窮人不值得同情，不會賺錢都是愚笨或是不夠努力，就是低等的人。」我終於瞭解，梶原一騎從來就沒有苦過，根本不會懂得同情窮人，說的再多也是枉然。我真是後悔，怎麼會嫁給這種人？

結婚半年後，梶原一騎開始發展摔角、拳擊、相撲秀的事業，也就與黑道掛勾了。每次，梶原一騎在與黑道兄弟談話時，就會叫我回避。

孩子來的不是時候

我曾經想要改變梶原一騎，但我知道這是不可能的事，因為誰也無法改變這個

嫁做日本媳婦也等於放棄了演藝事業。

自認尊貴的男人。如此，我們兩人只有漸行漸遠了。我內心開始盤算該如何跟他談分手，因為我真的開始想家了。金窩、銀窩、不如自己的狗窩，我已經看破，想放棄這樣的生活。

可是就在此時，晴天霹靂，我發現懷孕了！這如何是好？若把孩子生下來，我這輩子勢必會留在日本，繼續過著生活富裕、精神貧窮的日子；若不要孩子，我該如何處理？他們會同意嗎？唉！這孩子來的真不是時候！

好幾次等到深夜才等到他回來，已經爛醉的他實在不適合討論事情，偶爾清醒的回到家，看到他拿起畫筆在創作，進了書房的我就算有滿腹的話要說，在他的眼神看向我的同時，快要出口的話又全數吞回去了。

銳利的婆婆發現我有心事，她說那一陣子的我已不像平常那樣活潑，而是整天愁眉不展，愛吃的我也少了看到食物而喜悅的情緒，女人的敏銳讓她開口問我有什麼事？而我話還沒有出口就淚流滿面、低頭哭泣，她問我是有什麼想法嗎？我啜泣著告訴她：「我懷孕了，該怎麼辦？」

婆婆一聽，大聲呼喊梶原一騎到客廳來商量，他的態度是可有可無，因為平常和我玩在一起的三個孩子都已經十五、六歲了，丈夫帶著我們出門，旁人都以為是爸爸帶著四個孩子出來玩。而婆婆是重視生命的，認為是他們家的血脈，既然是上天注定要給他們的就應該珍惜，還吩咐我往後不要蹦蹦跳跳、不要再做飛撲坐墊的事了。那一霎那，我發現婆婆嚴肅的背後，有她尊重生命善良的一面，我偷偷竊喜，以為從今天起我日子應該比較好過了，但，一切照常。

懷孕的我，期待家人的溫暖與關懷。看著漸漸隆起的肚子，悄悄爬到臉上的黑斑，我以為丈夫會收斂一些，但他還是三天一大醉、兩天一小醉，偶爾還把外面的女明星帶回家裡作客。當我第一次以家庭主婦的身分為他們奉茶，以最燦爛的笑臉來招呼他們時，哇！這女明星實在太美麗了，把茶盤拿回茶水間經過一面鏡子，看到鏡裡的自己滿面黑斑、身形臃腫，對照客廳的美女，我真是自慚形穢。

過了一會兒，梶原一騎告訴我要送明星回家，但當晚沒回來。深夜坐在客廳的我，望著窗外的星星，忽然不知道自己是誰，為什麼在這裡？我快要當母親了，我對著腹中的孩子說：「很抱歉，我並沒有期待你來，但是你來了，你會怪我嗎？因為我沒有信心可以保證讓你有個快樂美滿的家庭。有一首童謠『天這麼黑、風這麼大，爸爸捕魚去，為什麼還不回家？』是的，也許你爸爸也正在捕魚，捕美人魚。若是爸爸常常不回家，我們要如何快樂幸福呢？」心靈重重的失落！

哀莫大於心死

有一天晚上梶原一騎又喝了酒，或許是酒精作祟，梶原一騎突然把平時細心擦拭的祖傳寶刀拿出來，只見銳利的刀鋒閃閃發亮。他拿著武士刀發狂一樣的揮舞著，我嚇壞了，趕快往房間裡跑將門鎖上。

我才喘了口氣，就聽到梶原一騎在房外大叫並用刀子挖門鎖，我連忙再躲進房內的廁所，嚇得直發抖。此時梶原一騎已進入房內，從廁所門下方的氣窗縫中，把刀伸了進來，左掃右動的。我一邊尖叫一邊站到馬桶上面，過了一陣子，他大概累了，也就離開了。當我偷偷走出來的時候，看到他已經在床上呼呼大睡。

驚嚇之餘，找了一個安靜的角落蹲下來，我開始淚流滿面，不禁想起苦命的童年、想起打拼的日子以及我為何要來到日本？本想努力打拼闖出名號，而現在我卻是大著肚子一副狼狽相，怎麼會這樣？深怕把他吵醒的我，大氣都不敢喘一個的只能暗自啜泣著。

那天夜裡我平安的度過，天亮後梶原一騎的酒也醒了，他恢復了理智不過並沒有向我道歉，只是要我去好好睡一下。這件事後，他雖然表現了些體貼之處，不過也僅是短暫的，幾天後一切又故態復萌了。

那時我已下定決心要離婚，我聽說離婚需要有對方通姦的證據，於是我開始蒐集證據。

有天晚上，我跟蹤他到了一家位在山區的旅館，梶原一騎與那個女人先是喝了咖啡，之後就摟抱著進了電梯……

外面下著大雪，旅館房間內我的心在淌血。親眼看著丈夫摟著美女在床上，震驚、錯愕、痛心的我不知該用什麼態度面對，想打他們打不過、想罵他們罵不了，剛開口，淚水一流話就哽住了。努力撫平情緒追問他：「你都將要當爸爸了，何以如此對待我？」然後崩潰痛哭！這場騷動引來旅館內部人員安撫我先離開。我走出旅館站在門外，以為被捉姦的丈夫會追出來，結果並非如此，想必他正在努力安撫那位美女吧！而我呢？他不應該先來安慰我嗎？

一個人哭著走在深夜的雪地上，命運捉弄人！第一次遇見梶原一騎時下大雪，那時候的我天真無邪又可愛；今天又是一場大雪，可是一切都不一樣了，這時候的我，滄桑無助又可憐。

剛走出旅館時，心中一股怒氣還不覺得太冷，不知幾個鐘頭後，他還是沒出現，

歌曲中的悲悽遠不如真實生活來得坎坷。

我不相信他會這麼狠，但，他就真的是這麼狠！我茫然失落、心灰意冷，就覺得真的好冷好冷，我該何去何從……挺著大肚子站在雪中，天上不斷地飄著雪，在日本無親無故，無人可做主的我，雪花落在臉上化成了水，已經不知是雪還是淚！

不知站了多久，直到積雪蓋到我的短筒馬靴，我凍得嘴唇發紫全身都快麻木了，突然看到一輛計程車開過來，我進了計程車，全身僵硬，勉強回過頭來，向窗外看了一眼。我所託付的男人，怎麼這麼可惡，真的不管我的死活了！

凌晨回到家裡，一進門看到司機，哇的一聲哭了出來。他看到我凍壞了，就趕快去拿棉被把我包起來，再跑去浴室放熱水。當我的腳泡進水裡時，凍傷的腳碰到熱水爆裂的痛楚感覺，耳邊彷彿傳來「滋」的聲音，這時候腳暖了，心涼了，婚姻生活中我一直是委屈的，若委屈還不能求全，我還留著做什麼？心念一起，就對司機說：「我想回臺灣！」想不到司機竟然回答：「嗨！」接著問：「什麼時候？」我說：「現在！」

拿了護照，也沒帶什麼行李，慌忙坐上車前往機場。車上我才想起身上沒錢，就對司機說：「我沒帶錢怎麼辦？」司機：「沒問題，我有！」

清晨五點到了機場，坐在航空公司櫃檯邊的椅子上等著。等到開始辦登機作業，司機拿錢出來買機票，一家航空公司沒位子，又換了另一家，才被列入候補名單。

上午九點，終於有位子，我就要離開東京了，真想抱住這個體貼的司機大哭一場。我跟他說：「謝謝您，您真是我生命中的恩人！回到臺灣我再寄錢還你！」司機紅著眼眶說：「夫人，妳太可憐了，真的不要還我錢。」

最後我要走進登機門時，終於忍不住了，轉身撲向司機的懷裡，眼淚奪眶而出，盡情的哭，把司機的衣服都哭濕了。司機一直輕拍我的肩膀，也早已淚流滿面。

飛機上，我不吃不喝，整個人陷入了沉思。回想過去，一場虛榮的婚姻，豈不都是自己造成的嗎？我想，如果可以重來，如果一切可以重來……

我也想著每一個在日本認識的人，最後想到司機。我開始擔心如果梶原一騎知道是司機送我到機場，一定會狠狠打司機的。在那通訊科技不昌明的年代，當時還沒有行動電話，一切資訊都得用通信或打辦公室或家用電話，偷偷離開日本的我，根本就沒有可以與司機聯繫的管道，儘管為善良的他擔心，我什麼事也做不了。

看到機場的跑道，飛機終於降落，在著陸的那一剎那播放著鄧麗君的歌曲《空港》，我忍不住哭了出來，也不管身旁的旅客一直看著這個不知為何傷心的孕婦。這時，我才感覺到臺灣的可愛，這才是自己的故鄉啊！

前往日本時，晴空萬里；今天回到臺灣，卻下著大雨。但是，我的明星夢、愛情夢，一場遊戲一場夢，一切都成為過去了。

一切又回到原點

我挺著大肚子，回到臺北爸媽的住處。這時候的我一無所有，能夠接納我的也就只有自己的家人了。

本來，爸爸媽媽以為我只是回來住幾天，問我什麼時候再回去日本？我回答說從今以後都不會去了！爸爸媽媽非常震驚，一問再問，看我難過的說不出話，也就不再說什麼了。這期間，梶原一騎不斷的到臺灣找我，我一直逃避著，只怕自己一時心軟又會再回日本。於是我下定決心，不要再看到這個男人了。

窮苦的我沒有辦法搬家，因此，只要梶原一騎來按電鈴的時候我就往房裡躲，爸媽告訴他我出去工作了，他並不相信，認為我大腹便便怎麼可能去工作？爸爸對他說：「沒工作怎麼辦？生孩子要錢啊！她去日本這麼多年，本來在松竹電影公司受訓的時候還有薪水寄回來，自從嫁給你這個有錢人後，不但從此沒有寄錢回家還落得一身滄桑回來，我們當父母的不能保護她，真的很慚愧，你來找她，就算她願意跟你走，我這個當父親的不僅捨不得，也不會同意讓她這麼做。」

自覺理虧的梶原當下拿出一疊現金向爸爸致意，但窮困卻有志氣的爸爸回絕他的好意，梶原也只好默默離開。他走了以後，爸爸告訴我：「他會專程再來找妳肯定是對妳還有心，孩子是不能沒有父親的，妳不願意再考慮一下嗎？」我詫異爸爸的說法，問他：「你剛才不是很決絕的要他斷念嗎？」爸爸說：「我以男人的角度看事情，說法雖然硬了些，還是希望他能悔改、妳能有幸福。」

最後我告訴爸爸：「不合腳的鞋子穿了會腳痛，繼續穿，走更遠，腳更痛，既然決定丟棄，就不要撿回來了，我不相信楦頭已經做壞的鞋子還能修改！」爸爸默然！

一切又都回到從前，這個家還是一樣窮，我顧不了就要生產還是得出去找工作。但是，人家看到我，第一句話就說：「大肚子喔，不行啦，妳要保重喔！」

我看著自己的大肚子，越看越氣。這是一段不幸的婚姻，一場痛苦的回憶，既然愛情已逝，就什麼都不想留下了。但是，命中注定的孩子，那是跑不掉的。我試過一些流產的方法，例如用力打肩膀，用力跑、跳、碰結果都沒有用。最後，我想

獨自承受懷孕的苦楚。

到墮胎，就去找醫生。不過，七個多月的身孕，小醫院不敢做，就叫我去找大醫院。

我來到了榮總，提出墮胎的要求。醫生開口就問：「妳真的要拿掉？」

我跟醫生說：「離婚了，生下來很麻煩！」

「要不要再考慮一下？」

「不必了！」

醫生不再說話叫我躺下，問：「要不要聽一下胎兒的心跳？」

「不要！」

「妳聽聽看！」

然後，我聽到了胎兒的心跳，那是一個小生命的跳動，我心軟了、哭了！狠狠的哭了，那是我的血脈啊！這時，醫生告訴我：「胎兒都成形了，妳要殺生嗎？生下來再說好嗎？何況這個墮胎很危險。」我不加思考就點了頭。

回家途中我摸著肚子，一種不尋常的感覺。還能感覺胎兒在我肚子裡滾來滾去，身為母親的責任感油然升起，真奇妙啊！

我決定要生了，但是生產的錢在哪裡呢？只好再繼續出去找工作。但哪個老闆會要一個孕婦呢？目前這個樣子的我不可能上臺唱歌，於是去應徵接線生聽電話的工作，本來面試官很滿意我的一切條件，但看到我肚子那麼大，便問我幾個月了？我說還有三個月就要生產，這句話一說出來工作就沒了！因為面試官說無法接受一個剛進公司三個月就得再請假一個月的員工，我連忙說我一生完就會趕快回來上班，但他們還是不同意。

去車站應徵售票員的工作也是如此。他們看我的身形立刻就回絕我，而且善意的對我說：「這裡天天有大型車輛來來去去，排放大量廢氣，對孕婦不好。」我東找西找，找到了第一酒店的總經理，求他「我很需要工作」！總經理說：「這裡是賣頭賣臉的，怎麼可能呢？」我無言以對，轉身要走。突然，總經理叫住我，說：「明天來上班吧！」我像在汪洋大海中找到了浮木，非常感謝他的慈悲。

在第一酒店，我因懷孕不能上臺，就在後臺報幕，算是一種不露面的主持人。生活有了著落，就這樣工作直到臨盆。

血脈相連的寶貝

在產房裡，醫護人員要找我的家人簽手術同意書，我告訴他們我一個人來生產，他們都覺得我好勇敢，我自己簽同意書、自己爬上手術臺、自己躺在臺上流眼淚！我被麻醉了，孤單一人接受剖腹產，醫生的手術刀往我肚皮劃下去時我還有很痛的感覺。直到聽見嬰兒的哭聲，我才昏了過去。

我躺在病床上吊著點滴，醒來後，護士小姐告訴我生了一個女嬰，體重兩千八百公克，一切還算正常，不過得了黃疸正在保溫箱中，她還說剖腹產的產婦要等排氣後才能吃東西。

我一個人躺在三人房的病床上，連翻身都很困難。一陣陣麻油雞的香味傳來，循著味道看過去，那是一家三代，正有說有笑的在為剛生完的產婦舀著麻油雞湯；而另一床的老公正在幫老婆擦背，讓同病房的我羨慕得不得了！而我，誰要拿東西來給我吃呢？一個沒有老公的產婦，爸爸為了生活正在酒瓶廠撿廢瓶工作，本來對我就不重視的媽媽也不見人影，兄弟姊妹各為自己的家庭、工作或學業忙碌。而我心裡能想的，只是想趕快看到孩子。

餓了三天後肚子才排氣，護理師告訴我可以吃東西了。第四天清晨醒來，看到總是板著一張臉的護理師，將一碗熱騰騰的粥放在我病床邊的櫃子上。喝了一口熱粥，流下了熱淚，想向轉身要離去的護理師說聲謝謝，但話到了嘴邊卻說不出口。

我弓著身體、忍著傷口的疼痛，迫不及待的走去保溫箱看我的孩子。

抱著因為黃疸還未退，全身紅紅黃黃、瘦瘦的弱小孩子，再看看她的臉頰，小小的眼睛像她的父親，而她父親帶給我傷害，重擊我的心靈。酷似梶原的小小面孔，令我又愛又恨！她是我歷經千辛萬苦生下來的，克服懷孕末期胎位不正、壓迫膀胱、筋骨嚴重酸痛、心情憂鬱等等各式各樣不適狀況的襲擊。生產前十天，我每天得趴跪在床上，臀高頭低的睡覺讓胎位反正，那幾天想起床都爬不起來，一直忍到剖腹那一天。而今，看到辛苦得來的孩子，我除了那莫名的情緒之外，更擔心我要用什麼來把她養大？

為了還生產時借來的錢，我又去第一酒店求總經理讓我工作，總經理可憐我只好答應。那時剛生完一個星期，身材尚未恢復，臃腫的身材無法穿以前的衣服，於是向現已過世的歌仔戲小生柳青買了她曾穿過的韓國傳統服裝上臺主持。許多來看秀的客人看我穿韓國服，不客氣的噓我，問我這裡又不是韓國穿什麼韓國服，為什麼不穿旗袍？這些總經理都忍了下來，讓我用那一套韓國服主持了好幾個月。為了不讓總經理為難、影響生意，我強迫自己快速的瘦下來，回復到以前阿娜多姿的身材，穿上各種禮服展現光鮮亮麗的樣子。

本來一天演出三場，中午一場、晚上兩場，為了多賺點錢，又去別的歌廳演出午夜場。由於還在哺乳期奶水常會流出來把上衣弄髒，只好去打退奶針。為了趕快還清債務（借錢生子），也為了幫孩子賺奶粉錢，無論多苦我都得忍下來。

每天工作的忙碌是無法形容的，我只好把孩子交給媽媽帶，等到深夜回家後才把孩子接過來自己帶。但是，這時孩子卻不睡覺，開始鬧。我好累又不會帶孩子，常被孩子吵到天亮。最後，孩子哭，我也哭，哭成了一團。再加上孩子一直吐奶，越來越嚴重，最後變成噴出來的，孩子瘦到一張臉都快要變成骷髏頭，而我也被折騰得異常消瘦。

窮苦的我，時常為了房租、生活費、孩子的奶粉錢煩惱。有一天孩子的奶粉罐見底了，自己打了退奶針也沒奶水可餵奶，正苦惱著孩子要餓肚子了怎麼辦？這時天助我也，一通電話打來說有人接了喜宴的晚會，突然生病無法履約，問我是否能臨時救火？我喜出望外，趕忙答應。

飛車到達現場，宴會已即將結束客人慢慢離席中，我深怕好不容易趕來了，若來不及唱領不到錢怎麼辦？情急之下大叫著：「我來了～～～」撥開要離席的客人就往前衝，路被擋住了就往空的桌椅跳過去，那情景真像電影中飛簷走壁的俠女。

可愛的曉燕。

硬是擠上臺唱了兩首歌，不但領了錢也等於幫那女歌手履行合約，現在想來，不禁莞爾。

領了錢趕到雜貨店，但店門已關，為了孩子我顧不得失禮急促的敲門，老闆在屋內回應說：「明天再來！」經我不斷的哀求：「拜託啦！小孩挨不了餓。」老闆終於臭著臉打開門、賣我一罐奶粉。抱著奶粉走在路上的我，在心裡許了一個承諾：孩子，媽媽絕對不會讓妳餓肚子的，也請妳要健康的乖乖長大！

相依為命的母女情

「曉燕」這個名字，破曉時分的燕子，看來文雅卻有一個心酸的故事。

孩子剛出生時，每天夜裡都會哭鬧，經常一直鬧到清晨。疲累無法入睡的我到了天亮時，就會聽到燕子飛來陽臺的叫聲。所以我把孩子的名字，取為白曉燕。

曉燕上小學時，有一次被同學打，回家找我訴苦，我開玩笑的說：「打輸了還敢回家哭，妳打回去啊！」曉燕回答：「我超想打他，但是他爸爸長的很高大，如果他叫他爸爸來打我怎麼辦？」我說：「妳爸爸也很高大，又會跆拳道跟空手道，不用怕他啊！」曉燕說：「可是他爸爸在他家呀！我爸爸在哪裡呢？」我聽了一陣心酸，實在不知如何回答。沒有父親，在孩子心目中就是缺乏安全感。因此又在心裡許下承諾，我會母兼父職，做好雙親的責任，讓她再也不受欺負。

為了能保護她，雖然沒有很多時間可以參與學校活動，但我盡可能爭取擔任家長會長，以捐助的方式來與學校互動，還擔任了新北市的家長會總會長，我對校務的熱心參與贏得了大家的肯定，讓曉燕覺得與有榮焉，也和曉燕建立了相依為命的母女情！

曉燕越來越有信心了。有一天我聽到她和同學的對話，兩個小朋友大概在比誰有什麼，誰沒有什麼。她同學說自己有鉛筆、刀片、文具盒等，曉燕一直說：「我也有！」突然對方說：「我有爸爸，妳沒有！」曉燕大聲回答：「我有爸爸，我有好～～～多爸爸！」我聽了啼笑皆非，更有淡淡的憂傷。

曉燕念小學三年級時，我已開始走紅了，為了安全，要她不要在學校提起家長是誰，看著她每次要我去參加學校的活動，她失望或期盼的眼神，我覺得對曉燕虧欠很多，因此常常反省我到底給了孩子多少愛？

直到現在，我都在懊悔對女兒的平凡措施，到底是對是錯？

有一陣子我讓助理開車送她去學校，兩天之後她就向我抗議，她說：「媽媽，每個同學都是坐公車上課，能不能讓我也跟大家一樣，我不想令人側目！」我覺得有道理，便取消了助理開車接送她。

有一次我跟曉燕說：「媽媽看妳一個人在家也怪寂寞的，妳可以請同學們常到家裡來走走。」她欣喜若狂，一句「Yay！」就去聯繫同學們。第二天我幫孩子們準備了一些豐富的餐點，回去時還讓他們每個人帶一包小餅乾回家，就在此刻，看到曉燕塞給每一個同學五塊錢，我臉上的笑容頓時僵掉，等孩子們走了之後，我告誡她：「怎麼能用金錢交朋友！」她告訴我：「媽媽，我來林口上課之後，才了解到同學們的家境都不太好，我邀請大家來家裡，擔心他們回去要坐公車沒有錢。」瞭解了曉燕的善良之後，我心裡感到非常欣慰。

又有一次，曉燕被我狠狠訓斥一番，因為老師來做家庭訪問時帶了兩張畫作來給我看，是她請學生帶回家的作業，主題是「我的母親」。老師說一張是曉燕的，另一張應該是她幫同學畫的，因為這兩張畫左下角署名雖然不一樣但筆跡相同，更有趣的是兩張的媽媽長得都一樣，老師一面說一面笑了出來。

我詢問曉燕為何幫同學做作業？曉燕回答：「因為同學家境很苦，下課後要到黃昏市場幫媽媽賣菜，晚上回家還要幫忙照顧弟妹，而且她家裡也買不起畫筆，根本無法完成作業！」聽到曉燕的回答，我雖然理解女兒的善良，但我還是告訴曉燕：「同學沒有畫筆，妳可以把畫筆借給他，幫同學完成作業來欺騙老師是不對的行為！」等老師走了以後，我繼續對曉燕訓話：「就算妳好心要幫同學畫畫，也不應該把兩張畫都畫得一模一樣，有人的媽媽都長一樣嗎？」曉燕嘟著嘴說：「我又沒看過同學的媽媽啊，所以我只能畫我自己的媽呀！」看著善良又稚氣的她，真是讓我好氣又好笑！

曉燕——媽媽永遠的心肝寶貝。

冰冰姊的頑張哲學③接受人生中所有的磨練

孤獨在日本受訓的我談起戀愛並放棄大好前程的結婚了。「戀愛糖甘蜜甜，結婚鹹酸苦澀」，談戀愛時做什麼都開心甜蜜，結婚後才知道相愛容易相處難。夫妻間年齡、家世、價值觀差距大以外再加上文化背景不同，以致我和丈夫終究沒能白頭偕老。因此奉勸所有的女性朋友，在婚前一定要多方的瞭解另一伴。

回到臺灣後，事業回到原點一切從頭開始我又懷孕待產，生活困窘緊迫，但「傘雖破，骨原在」我並不向命運低頭也不怨天尤人，我接受我人生中的所有磨練。臺語有句俗諺「做牛著拖，做人著磨」每一個人來到這個世界都有許多的功課需要做需要學習，逆境就是其中的一項。

我想，懂得「做人著磨」這句話真諦的人雖然辛苦，但會勇敢接受磨練。

Chapter 4

重新奮鬥，走向成功

跑遍全省一百多個夜市
站在人群中努力宣傳唱片
我為自己贏得了
夜市歌后的封號

緊握每個演出機會

雖然從日本「留學」回來，還在日本出過唱片，當時在第一酒店每個月領一萬八千元的薪水已經算是很不錯了，但是我常常需要買高級服裝，兩個弟弟一個在念大學、一個還在念高中，負擔仍是不輕。所以我希望能往歌壇或影視圈發展，卻一直苦無機會。

當時，有一位歌廳老闆希望找在臺灣有名的日本老牌歌星例如小林旭、橋幸夫前來臺灣演唱，就向我打聽看看有沒有門路。我本來並沒有把握，姑且一試地打個電話去問松竹的朋友，想不到就與小林旭的經紀人聯絡上了。我與對方在電話中談了一下，對方對此提議很有興趣，不過要求我要親自到日本詳談。為了把事情談好，只好當天搭早上的飛機到日本，談好之後當晚就搭機回臺灣。在我奔走之下，一九八二年四月，小林旭真的來臺灣了！

小林旭兩個星期的檔期，本來只有張菲和倪敏然擔任主持人，後來因為他們無法以日語和小林旭溝通，就請我加進來，變成三個人一起主持。小林旭在臺灣頗有名氣，他來臺灣演唱期間新聞不斷，我也就跟著沾光。此後，我就常被請去中南部演出。名氣一大水漲船高，路上很多人叫得出我的名字，我暗自欣喜：我紅了！

走紅的代價

當我覺得一帆風順時，竟然飛來橫禍，害我幾乎把命丟了。

小林旭那檔秀結束三個月後，我接了一家高雄的演唱秀，但另一家歌廳也蠻橫的要我接秀。事實上這根本是兩家西餐廳的惡性競爭，我只是一隻代罪羔羊罷了！

七月十八日，晚上十點多，我從臺中歌劇院出來，經過旁邊的工地時，突然被一個男人擋住。我抬頭一看，那個男人一拳打在我的頭上，幾乎就把我打昏了。

我在倒下之前，聽到附近一些小販的尖叫聲以及幾個人衝過來的腳步聲。我以為那些人是來救我的，想不到那些人卻加入陣容，對我拳打腳踢。突然，我感覺一陣劇痛，原來是臀部被刺了一刀。接著，我的額頭又被砍了一刀，一股熱流從臉上沖下來。我血流滿面疼痛不堪，卻反而清醒了。這時聽到一個女人大叫：「你們在幹什麼？」那些歹徒就跑了。

我倒在馬路上，那位女性跑過來把我抱起，急喊著：「計程車！」好不容易才

與小林旭合影。

叫到車。在車上，那位女性一直對司機說：「開快點啦！」司機是一個老伯伯，一邊開車一邊回答：「開太快會被罰款，前面也有紅燈啊！」那位女性又說：「闖紅燈！」

終於，車子開到了醫院，急忙將我送進去急救。事後，我才知道她叫做周麗虹。一個長得跟我一樣矮小的女人，竟然會有那麼大的勇氣，對著那些歹徒吼叫，還有那麼大的力氣，把我抱到醫院來。相形之下，很多在現場看熱鬧的男人，真是太懦弱了！救命恩人，謝謝妳！（十年過後，我在電視節目提到這段的感恩，講到熱淚盈眶時，神秘嘉賓帶著花束從後面走出來，現場觀眾掌聲雷動，原來製作單位很有心的找到那位救命恩人——周麗虹，並請她來現場擔任神秘嘉賓，那天的節目感動了全臺灣的人）

當時急診室來了許多記者，問了許多問題，我簡短的回答了一些後就昏睡了過去。等到我再醒來時，床邊站著一個看起來有點面熟的陌生人。我問他：「我認識你嗎？」那個人說：「妳不認識我沒關係，但我一定要認識妳！我是林建隆。」

原來，我曾在報紙上看過一則報導，有一個年輕人家貧無法升學，後來誤入歧途因殺人未遂入獄，卻在獄中考取大學。由於我自己也曾因家貧無法升學，所以很

救命恩人——周麗虹。

想幫助這個浪子回頭又有心向上的年輕人，於是我寄了五千元去報社，請報社轉交，希望能對他有所幫助，之後我又拿了五千元，請媽媽回基隆老家時交給他的父親。由於林建隆不曾跟我聯絡過，時間一久我也就忘了。

林建隆來看過我好幾次，他知道我受到欺侮非常生氣，要為我討回公道，我立刻勸他：「千萬不要，我當初幫助你就是希望你好好讀書，走入正途，這件事情自會有警察處理，你不要因為我而又再走上回頭路了。」後來，林建隆在美國取得博士學位，回到臺灣的大學任教。雖然我有恩於他，但由於兩人理念不同，並不常聯絡也就漸行漸遠了。

幾天後，爸爸媽媽帶著曉燕來到醫院，那時我臉上還有血漬，整個臉被打得瘀青、腫脹，眼睛睜不開瞇成一條線，看起來非常可怕。曉燕竟然認不得我，還用手遮住自己的臉不敢看，吵著要回家。這時，我才想到，我的臉一定變得很難看。我趕緊向護士要了一面鏡子，一照之下，一張又黑又腫的臉，那是一張人的臉嗎？又委屈、又怕萬一無法恢復怎麼辦？我的臉就是我的生財器具啊！所謂人在江湖身不由己，可是我的工作地點是舞臺並非江湖，生意的競爭有必要這樣對待一個無辜的駐唱歌手嗎？

這場兇殺，讓我在醫院裡躺了兩個月。頭部被殺的那一刀，還好當時我把頭偏了一下才沒刺進去，只劃傷了額頭、縫了九針；臀部的那一刀刺的很深。根據醫生的說法，如果再多刺進去零點一公分，將會切斷大動脈，那麼可能就沒命了。結果，我只好一直趴著，讓臀部上的深洞慢慢癒合。

我的臉被打得瘀青，一直退不了。有一天一個好心的陌生人來看我，告訴我說用生雞蛋在傷處上滾來滾去可以消除瘀傷。我先在一個傷處上實驗，過了三天，瘀傷果然不見了。於是就每天拿著兩個生雞蛋，在整張臉上滾來滾去，直到瘀傷全部消除。

我在住院期間臺中警方已開始辦案，由於與高雄的秀有關，所以出院後必須去高雄做筆錄。

想到做筆錄時更委屈，那個員警跟我說：「妳沒受重傷，不能提起公訴，只是告訴乃論。」接著又勸我說：「妳如果告了，在對方被判刑前，妳不知道還會再被打幾次。」員警看到我不回答，就再勸說：「要不要繼續做筆錄？我看算了吧！」

差一點連命都丟了，只換來員警的一句「算了吧！」當時在黑道角頭充斥的社會，帶著小孩謀生的單親媽媽還能說什麼呢？唉！算了吧，那種委屈的怨，吞不下，卻也得無奈咽下！

一九八二年底，我的演藝事業越來越順利。我曾忙到一個晚上要在八家西餐廳趕場，每家演出四十分鐘，等於每天要唱足三百二十分鐘，大家都說我是鐵嗓、鐵肺。

我的舞群從兩個人增加到四個人，又請了兩個合音。為了趕場，汽車在車陣中動彈不得，我便僱了七輛摩托車來載人，一輛車載一個，把整個演出班底帶著跑，在大街小巷中穿梭來去。我坐在摩托車後座，穿著禮服、束起頭髮，頭髮上插著一根大羽毛，經過例行路線的商家小販時，常聽到有人說：「那個小飛俠又來了！」

那個時期，餐廳秀興起，廖俊、澎澎、洪榮宏都很受歡迎，豬哥亮也崛起，我的日本演歌也自成一格，並且當時在日本受訓時我最不喜歡的課程——茶道、插花、和服穿著之道，也都一一派上用場成為我演藝的一環。

獨樹一格的表演。

相形之下，傳統歌廳就沒落了。第一酒店的生意也受影響，再加上總經理投資失利，欠了許多廠商和員工的錢。有一天我本來要去第一酒店討回積欠我的六個月薪水，看到大門深鎖，一旁的人說：「頭家走路啦！」第二天我再去，看到總經理被來討債的人團團圍住，那些人要不到錢就擅自將酒店裡值錢的東西搬走，原本輝煌的酒店景象淒涼。

對我來說，總經理兩度在我最困難、找不到工作時幫助過我，現在我怎麼能落井下石的跟著那些人向他討薪水呢？那天他的太太、小孩也在現場，我什麼也沒說的就走了。走到附近的麵包店，心想錢沒有要到買個麵包安慰一下自己吧。此時我想起了還在酒店的總經理一家人，我買了一大袋的麵包送上去放在桌上，總經理看著我一句話也沒說，但我知道他是感激我的，因為從他的眼神中，我看到了當初剛生產完，喝著護理師給的熱粥、滿心感激卻說不出口的自己。過了幾天，我把所有的會都標了下來，湊了十幾萬元交給總經理希望能幫他度過難關。總經理非常感謝我，還寫了一張借據、開了一張支票給我。現在，那張借據、支票都還和其他向我借錢的朋友所開出的支票一起放在我書桌的抽屜裡。由於要寫書，我拿出那一疊沒有兌現的支票，慢慢地回想、一張張地看的時候，才發現，還有葉啟田葉大哥開的面額一百萬的支票，那是他當初要選舉的時候開給我的，卻在這樣的機緣下憶起。

擺脫貧窮

終於賺了一些錢，家裡的生活也改善很多。我分期付款買了一間小房子，從此不必再向人租房子了。也買了一臺中古車，爸爸很高興，從貧窮歲月走過來的老人家，覺得有車子是一件非常神氣的事。

爸爸打扮整齊，一張笑臉對我說：「走！駛車轉來故鄉予人看。」我心想，這種中古車實在沒什麼了不起，還覺得爸爸很無聊。那一刻，看到爸爸難掩失望的表情，我才感受到，多少年來爸爸一直被人看不起，好不容易看到女兒有點成就還買了車，多想回家風光一下啊！我許諾他，等我下次買了新車一定會載著他回故鄉看親朋好友的。

後來當我有能力買新車，我們父女卻再也沒有人提出要回故鄉炫耀了，我想是因為事業成長，人的智慧也在成長，任何委屈、痛苦的過往都成了力爭上游的養分。所以對不愉快的往事，也就雲淡風輕了！

白宗興深以擁有孝順又上進的女兒為榮。

人逝情未了

一九八七年一月二十一日晚上，我把曉燕哄睡，突然聽到電視上插播特報——知名劇作家梶原一騎猝死，特報中還簡介了梶原一騎的一生。我腦中一片空白，等到回過神來，只覺得全身發軟，站不起來了。他走了！與他的一切，真的一了百了。

我躺在床上眼淚奪眶而出，回想過去，我實在不知道對這個男人到底是什麼樣的感情？也許有愛、有恨，只是恨遠多於愛。如果當初沒有嫁給這個男人，現在的我又是什麼樣的境界呢？

看著身邊熟睡的曉燕，心中一陣酸楚，燕兒啊！雖然一直以來我都是母兼父職來照顧妳，但從今夜起，妳真的失去父親了。看著她紅紅的臉龐、稚嫩的皮膚，想到她曾經在放學回到家時，對我說過一句話：「媽咪，我知道妳的秘密了！」我嚇了一跳，什麼秘密？原來她說：「媽咪，我知道我爸爸是誰了，學校的同學都在說，他們說妳為什麼要嫁一個日本鬼子？」我回答她：「是啊！所以才會有妳這個小日本鬼子啊！」她當場抗議：「我不要當日本鬼子，我要當臺灣的天使。」唉！無論如何，她的日本鬼子爸爸已經往生了，我要不要告訴她？她本來是拒絕有日本鬼子的爸爸，而今天開始，她卻連這樣的父親都沒了，看著天真可愛的她還那麼小，我要養到什麼時候她才能長大呢？

不知為什麼，我哭了一夜！

螢幕初登場

我在西餐廳的演出還算得意，不過我希望能更上一層樓，往電視發展。而且，那個時期西餐廳因黑道介入太多，一些知名藝人如洪榮宏、高凌風等，包括我都曾被毆打、砍殺，甚至槍擊，實在令人害怕。尤其常常做白工，一星期為一檔期，我經常唱十檔就有四、五檔拿不到錢。最委屈的是就算我拿不到錢，卻還是得付錢給舞群和合音。需要負擔家計的我，常常入不敷出、捉襟見肘，我得趕緊另謀出路。

我四處自我推銷，不過還是沒機會。但作夢也沒想到，第一次有機會上電視，竟然是演歌仔戲。

有一天，我在西餐廳演唱，看到楊麗花在臺下，我下臺後趕快跑去跟她打招呼。楊麗花看我很「古錐」，就問我：「妳會不會演歌仔戲？」我知道機會來了，立刻大膽的說：「我會！」

承蒙歌仔戲國寶楊麗花的賞識，我得以與她共演，心中欣喜無以復加，高興到夜不成寐，興奮的一早就到電視臺。最早到的我得等到所有大牌都化好了妝才輪到我化，開心的等待看我第一次的古裝扮相，睜開眼睛看到鏡子裡的自己時，嚇了一跳：「這不是我！」我的頭頂上梳了一個髻，頭皮繃得很緊，眼睛都被拉成咪咪的鳳眼，實在是又土又醜，我指著前方女主角裝扮華麗的髮型，與梳妝師商量能否再美化一下，卻被訓了一頓：「人家飾演千金小姐，妳是什麼東西啊？妳演的是婢女，這樣才合妳身分。」

等著上場的空檔，我趁梳妝師不注意，就發揮我DIY的能力，將髮型重新改造一番，幾個花片幾朵花，襯托了一個青春可愛的小婢女，就連梳妝師看到我的時候，雖然不高興我擅自改造，但也肯定我不馬虎的精神。結果自認相當美麗的我，興沖沖的從早上等到半夜三點，吃了三個飯盒，連宵夜都來了，我看看我的臉，竟然比大鍋裡的米粉湯還要油，累得剛想打盹，就聽到有人叫我上場了。

終於換我出場了，臺詞只有一句：「員外，外面有人來找！」雖然只有一句話，我也努力的在後臺練了一天眼神、音調、表情、身段，雖然有人用輕視的眼光看我，但也有人用讚許的眼神鼓勵我。

後來，另一位歌仔戲小生葉青看上了我。她知道我對歌仔戲外行，既不會唱，也不會身段，就叫大家幫忙指導。我經常都是現學現賣。

我在華視演了一齣《蛇郎君》，第一次當女主角，為了珍惜這次機會，我把自己融入劇情裡，努力揣摩劇中角色應有的愛恨情仇，皇天不負苦心人，結果一炮而紅。後來，華視與我簽約，演了三部連續劇《永遠是我妻》、《阿公我愛你》、《草蜢弄雞公》，當然都是女主角。

原來的我是內向矜持的，又一直身處於苦難的狀態，要演喜劇根本笑不出來。可是，我力求突破，每天照鏡子學笑臉，但不管用什麼樣的笑容，總覺得笑中帶苦不好看。最後我想通了一件事，原來生活中的我是不快樂的，所以不管我怎麼笑都是假的，電視螢光幕那麼大，當特寫時攝影機就像個照妖鏡，無論是皮膚的不完美，亦或是眼神的遊移，甚至於內心的不誠懇，透過螢光幕都無所遁形。當下決定，不

第一次接觸歌仔戲的白冰冰。

擔任蛇郎君的女主角。

能繼續憂鬱不快樂，我要把心打開，讓陽光照進來。更告訴我自己，如果自己都覺得不喜歡自己的笑容，別人如何喜歡你？

想通、放下的那時候，我的喜趣渾然天成、融會貫通，用我獨樹一格的喜劇演法再加上擅長的逗趣臺詞演活了很多好作品，「喜劇天后」的稱號也就跟著我了。

我是歌手

有一天，曾經在桃園藍天歌廳幫助過我的黃瑞琪打電話問我想不想灌唱片？我心想，灌唱片是多年來夢寐以求的心願，以前去拜託都沒有用，現在怎麼會自動找上門呢？原來黃瑞琪老師作詞，邱芳德老師作曲、編曲的歌《唱袂煞》想找人來唱，等錄好後再找唱片公司發行。

這是天上掉下來的機會，加上我也覺得那些臺語歌很好聽，就很用心去唱，對自己的表現也很滿意。

等歌錄好了，黃瑞琪就拿去找發行卻一直碰壁還被人恥笑，說是想捧新人也捧個年輕的，怎麼去捧個老女人呢？有一個老闆甚至說了傷人的話：「她若會紅，我

第一張臺語唱片《唱袂煞》。

頭剁下來給你當椅子坐！」但是，黃瑞琪肯定我不但努力又唱得很好，所以不論別人怎麼批評，就是堅持要把機會給我。

鞭炮聲～～～出片了！小公司人手不足，老闆兼夥計，我是歌手兼工人，自己包裝、送貨兼宣傳，忙得不可開交。由於發片資金是黃瑞琪老師拿房子去抵押貸款的，我不能讓他虧本導致無家可歸，只有放手一搏，上不了電視、電臺，我跑遍全省推銷自己。

《唱袂煞》推出後，黃瑞琪帶著我去拜會一些大盤商和中盤商，請他們幫忙。第一個月，《唱袂煞》在市場上沒有動靜，我開始慌了，我覺得不能只靠別人幫忙，自己也要下工夫。但是我不知道應該怎麼做，也沒告訴黃瑞琪，自己就跑去唱片行看。

為我出唱片的恩人——黃瑞琪老師。

在一些唱片行裡，我看到自己的卡帶（當時的卡帶有兩種，大塊的匣式和小塊的卡式）被放在角落邊。我就先對老闆自我介紹一番，再問可不可以把我的卡帶放在較明顯的架位上？老闆們反應不一。有的客氣的說不行，有的瞪我一眼，還嘲笑說：「等妳紅了再說吧！」

不死心的我，就站在一家唱片行門口，拿著卡帶對路過的人推銷：「這就是我唱的，我是白冰冰！」看到計程車停下來，就跑去對司機說：「買大塊的在車上聽，買小塊的帶回家聽！」路人反應不一，有人和我瞎扯了半天才拒絕我，說這首歌不喜歡；有人被推銷得不好意思，就掏錢買了；有些人則是被我推銷的半推半就勉強接受。有一個阿伯買了十二卷卡帶，卻說自己家裡沒有錄音機，只想留一卷當作紀念，剩下的送給別人。這個阿伯說：「妳真打拼，我看了真佩服！」結果居然也賣了幾十卷卡帶。老闆看了大感意外，從他的眼神中我讀到了他從對我的輕視到肯定！

推銷了一天之後，我對唱片行老闆說：「拜託讓我的卡帶放上排中間，一天就好！」老闆回答：「我從沒看過一個歌手沒有任何唱片公司或宣傳人員陪同，就在這厚著臉皮自我推銷，我實在服了妳，好吧！愛放哪裡就自己放吧！」

我以為老闆只是開我玩笑而已，等我走了就會把我的卡帶丟到一邊。想不到我隔天再去時，《唱袂煞》還是放在那個最明顯位置。我好高興，趕忙謝謝老闆。

老闆回答我說：「謝謝妳自己吧！銷路不錯哦！」

就這樣，我每天跑臺北的唱片行，跑了幾十家。專輯的銷貨量明顯上升，黃瑞琪覺得效果不錯，就帶著我跑遍中南部的唱片行。

《唱袂煞》剛推出時，我希望能夠上電視打歌，卻找不到門路。我和黃瑞琪去拜訪製作人，製作人說應該去找華視主管。我們去找華視主管，主管卻說應該去找製作人。看到兩人推來推去，才想到是不是沒有送禮的關係，於是就湊錢買了兩瓶XO送給製作人。看到製作人收了，就很高興，回家等著上電視通告。想不到通告還是一直沒來，我們好沮喪！

雖然無法上電視打歌，在唱片行門口推銷卻有不錯的成績。最後又想到了一個主意——向夜市進軍。在夜市裡，我就像在競選民意代表一樣，身上披著紅布條，寫上黃色的大字「白冰冰」。黃瑞琪拿著擴音器，大聲喊著：「歌壇新人白冰冰出唱片，唱袂煞，趕緊來買……」這種賣法，實在很像江湖賣膏藥的。剛開始頭都不敢抬起來，覺得很難為情，可是想到既然無法上電視宣傳，又不能讓股東們血本無歸，只好放下身段，拼了！

大夥一起打拼，生意越做越好。先在黃昏市場推銷，擠在借來的一個小攤位上忍著魚腥味，扯開喉嚨唱歌，和旁邊的雞鴨鵝、生鮮海味競爭銷售量。偶爾鵝媽媽和雞先生敞開喉嚨大叫，他們合唱的聲音還蓋過我的麥克風，那情景現在想來，實在令人捧腹大笑。到了晚上八點到十一點時連趕三個夜市，最後再趕到萬華一個開到凌晨一點的。臺北跑得很有成就感，再往中南部進軍，我豁出去了，總共跑了一百多個夜市。

夜市經常是擠滿了人潮，淹沒了個子嬌小的我，為了讓大家看得到我，我就站在一張板凳上，又說又唱。我的臺風越來越穩，那塊小小的板凳，成了我踏入歌壇的舞臺。我在板凳舞臺詼諧的自稱我是「天下無敵，世界第一的超級大美人」、「我是港姐，基隆田寮港的港姐！」大家聽了，笑個不停。我已練就可以跟夜市的攤販以及顧客插科打諢，再吆喝大家掏腰包的功夫。

長期穿著高跟鞋站在小板凳表演，要顧及演出的完美還得專注不要跌下來，雙腳的壓力可想而知，那一陣子我雙腳紅腫，除了泡熱水，睡覺時都把雙腳墊高，別人是高枕無憂，我是高枕墊腳才能無憂。

在夜市推銷唱片大約一個月後，我接到「夜光家族」的邀約。「夜光家族」是一個由光禹主持、全臺非常受歡迎的廣播節目，當初發片時最困難的是沒有電視節目可上也沒有任何媒體要訪問，所以我很好奇他們為什麼會想找我上他們的「來賓訪談」單元？原來，我在夜市努力打拼的奮鬥過程他們覺得非常好很適合介紹給全國的聽眾。但那時的我每天急著去各地的夜市賣唱片，晚上十一點正熱鬧還未結束無法去電臺受訪，而要我放棄又覺得可惜，還好最後折衷出可以不必去電臺，主持人用電話連線的方式訪問我。

光禹誠懇的態度、磁性的聲音，讓我好像身處一個安穩的環境中可以掏心掏肺的與他談自己。整整一個小時的訪談，我的眼淚就像斷了線的珍珠沒有停過，就這樣一邊談一邊哭，只有在中間播放我的歌曲時才能趕快的稍微緩一口氣。

「夜光家族」實在是太厲害了！就在訪問後的隔天，唱片銷售很明顯「唰～」的往上衝，比我一個夜市一個夜市的跑、一張唱片一張唱片的賣要快上百倍，更好的是：電視臺開始來邀約了。

努力打拼創造了好成績。

愛拼才會贏

在夜市打拼的日子，讓我對臺灣的鄉親們，永遠懷有一顆感恩的心。我發現一般人都很害羞，我唱了半天，大家雖然覺得好聽，卻沒有人願意先掏錢出來買。於是，我就會發揮推銷功力讓他們拿錢出來買！結果，只要有一個人先買了，大家就一窩蜂都買了。

有時候生意太好，還要求我簽名。一簽名我們人手就會忙不過來，因為簽名時要先把卡帶的塑膠封套拆掉。這時在附近擺攤子的人就會把自己的生意放著，跑過來幫忙。鄉親們的熱情和愛護讓我感動不已！

《唱袂煞》的銷售成績直線上升，讓我贏得了一個封號「夜市歌后」！半年後，這張唱片總共賣了二十多萬張，對一個不靠電視打歌的新人來說，這種成績真是一項奇蹟啊！我也因為這張唱片開始走紅。這時候連媒體記者都主動跑來採訪了。

「夜市歌后」慢慢出名了，華視的綜藝節目「鑽石舞臺」就主動來找我上節目。那時「鑽石舞臺」由胡瓜和鄭進一擔任主持，參加節目的男女藝人都是站成一排，接受訪問或表演唱歌。我好不容易有上電視的機會，就決心要把握機會，凸顯自己。

我特別用金蔥布加亮片做了一套像白雪公主的蓬裙，看起來金光閃閃。想不到我一亮相，就被兩個男主持人取笑：「妳這是媽祖出巡嗎？」接著又說：「唉呦！還裝金身呢！」當場，其他男女藝人及現場觀眾都笑歪了。難怪被取笑，因為電視已經不流行穿亮片禮服了，大家一字排開，都是很潮的破洞牛仔褲或專人設計時尚的打歌服。我才知道我的穿著與大家格格不入，實在過時了。

那次的演出，我覺得很丟臉。在臺上被人取笑，心裡也不太高興。不過黃瑞琪告訴我：「沒關係，獨樹一格表示妳突出，人們容易留下印象，大家笑妳、討論妳、妳才會紅！」果然，第二個星期「鑽石舞臺」又主動來找我了。我一連上了幾次「鑽石舞臺」，把在夜市表演的那一套都搬出來，越來越受歡迎了。

有一次，我被安排在節目中表演模仿比莉。事前，我特別到比莉家去學，還向比莉借了衣服，練了一晚，從不會跳舞練到維妙維肖。當場，比莉就對我說：「冰冰，妳會紅！」

上節目時，我模仿比莉的表演，大家一致叫好。表演完了，接受訪問。主持人取笑我長得矮，還故意誇張的看別的地方就抬頭，看我時就低頭。我乾脆回答：「我一向都是仰人鼻息的啊，雖然我長的矮，但是你們這些高個子的，要見我全都得向

總是將最美好的一面呈現給觀眾的白冰冰。

我低頭！」

因為反應靈敏，加上自我消遣，竟然越來越紅了。而且只要製作單位要求，無論模仿郭富城、趙傳、藍心湄、比莉，我都照單全收也努力做到。這時的我已受到大眾的喜愛，有時想起那位說我會紅，就要把頭剁下來當椅子坐的唱片行老闆，我警惕自己「天生我材必有用」，不要看輕任何人！

所謂樂極生悲，一向受到喜愛及享受掌聲的我，覺得這個世界上的每個人都是熱忱善良的，我盡情享受這幸福溫暖的世界，沒想到陽光的另一面就是黑暗。

一夜驚魂

有一天，我工作回來，洗完澡披著浴巾用雞蛋攪了麵粉敷臉，躺在床上打電話，請求華視閩南語劇《難忘鳳凰橋》的製作人宋文仲採用我的新歌當主題曲，他告訴我已經有人捷足先登，我不死心繼續拜託，突然聽到我家的狗「小乖」叫得很凶。我請宋製作稍待，跑到窗口往下看，沒看到人卻聽到好像有金屬器具從屋外丟進來的聲音。我發現不對，猜想可能有小偷闖進來，就趕快跑到三樓叫醒司機，兩人一起下樓。當時我又聽到好像是小乖和人在纏鬥的吼聲，就想出去救小乖。我拿著拖把、司機拿著掃把開門走出去。

我走在前面，突然一把刀子向我砍下來，我舉起拖把一擋，拖把幾乎被砍斷了。我大叫一聲，就看到三個蒙面歹徒，拿著開山刀和手槍，把我和司機押進屋裡。一進客廳，歹徒就開始凶我們！他們把司機綁起來，再叫我去把爸媽跟曉燕都叫出來。爸爸已七十歲、兩手被反綁，綁得太緊手掌都變黑了；媽媽臉色慘白，一句話也說不出來；曉燕才十歲不敢哭出聲，只是蒼白著臉；我則被一把開山刀架在脖子上，只要一轉頭，脖子就被割傷。

歹徒們拿出一個大布袋，叫大家把值錢的東西都放進去。我趕快把一些錢、爸爸的手錶、媽媽的項鏈都放進去，哭著說：「你們要什麼通通拿走，拜託不要傷害我們！」

我一直說家裡沒有多少現金，歹徒們不相信，其中一個歹徒就押著我一個個房間去找。到了二樓，進入我的房間，那個歹徒把我的裝飾品全部倒進大布袋裡。那些金光閃閃的裝飾品大都是假的，那個歹徒卻不識貨看了就拿，還一邊恐嚇說：「錢不拿出來，全家殺光光！」

最後，我被押入佛堂，我忍不住了，想到自己一生吃了那麼多苦，現在還要受這種折磨，就放聲哭叫：「觀世音菩薩！救我啊！」剎那間，歹徒呆住了，手上的開山刀離開了我的脖子，過了好一陣子才回過神來。

在客廳裡，歹徒們算算錢，發現只有一萬多元，就破口大罵。大概是太熱了，三個歹徒竟然把面罩拿下來。那個當下我頭皮發麻，歹徒們露出相貌不怕被人認出來，是不是準備要殺人滅口了？

就在最緊張的時刻，門鈴響了！歹徒們嚇了一跳，然後和我在電眼監視螢幕上看到兩個員警。

「妳敢報警！」歹徒們大罵，又拿起開山刀，揚言要殺人了！

「我沒有報警啦！你們讓我出去應付一下！」我一再安撫歹徒們的情緒，並且保證會把員警打發走。

但是歹徒們還是不放心，押著我到二樓房間的窗口去看，這一看不得了，門外有一、兩百個員警！歹徒們抓狂了！充滿血絲的紅眼，放話要把我們全都殺死。極度驚嚇的我急忙和歹徒談判：「我當人質開車載你們出去，拜託你們放我全家一條生路！」

談判成了，我帶著歹徒們去車庫，打開車門時卻看到爸爸和曉燕也被押進車來。我心想，沒有辦法，先讓媽媽和司機脫險再說。我發動引擎，打開車庫的電動門，就要開出去時，突然一部警車衝進來把我的車子擋住了。一大群員警往裡面衝，歹徒們一看，挾持曉燕又跑進屋裡。我心裡更慌了，女兒變成唯一的人質。

一大群員警進入屋裡，一番搜索，發現三個歹徒抓著我的女兒躲在服裝間。員警喊話：「如果傷了孩子，就不要想活著出來！」歹徒回嗆：「有膽就進來，我先殺了這孩子！」我聽到這種狠話，早已泣不成聲。

天快亮了，還在僵持中。後來，員警看準一個機會把門撞開，其他的員警隨即跟著衝進去，一下子就把三個歹徒都制伏了。

一場幾小時的驚險終於落幕。

我看到女兒平安無事，一個才十歲的小女孩竟然如此鎮定，真是令人疼到心底。司機和媽媽從服裝間爬出來，我更是又驚又喜。原來，在歹徒抓著曉燕躲進去前，媽媽和司機已先躲進服裝間裡。還好，服裝間滿滿的衣服，歹徒們不知道已有人躲在裡面。媽媽心臟本來就不好，受驚又悶太久了實在很危險，便趕快用救護車送去醫院。這時我才發現，我的一張敷著麵粉的臉已經剝落的一塌糊塗，一條圍在身上的浴巾，經過幾小時的奮戰，居然沒有掉下來。阿彌陀佛！

事後從員警的筆錄中得知，原來報警的人是與我通話中的宋製作，顧不得身心疲憊，趕往宋製作的家向他致謝。我問他如何得知我家有強盜闖入？他說電話中的我只說了「稍待」就跑走了，剛開始他想掛掉電話，後來聽到一陣狗的狂吠聲，覺得有點奇怪，再過了十分鐘聽到一句恐怖的話，有人說：「錢不拿出來，全家殺光！」他嚇到頭髮直立，趕忙打電話向警方報案，全身緊張到發抖的他，有情有義的吆喝一群在攝影棚的演職員趕到家裡來關切。

他說當天在外面也是緊張萬分，因為他與女演員陳美鳳、佘丹丹剛好站在歹徒

忠心護主的小乖。

與員警的中間，員警一直叫他們退後，怕萬一槍戰的時候會波及到他們。最後還好利用了當時陳美鳳手上唯一的一支行動電話當作與歹徒溝通的工具，讓歹徒打電話回家，那事件才平安落幕。

心中萬分感謝宋製作機警的幫忙報警，更感謝他耐心地拿著電話等待了十分鐘，若當時沒有他的這些幫助，如今的我也有可能不在人世間了。更謝謝余丹丹以及陳美鳳，現在余丹丹嫁給人在上海的張先生，生了兩個漂亮女兒，一家和樂。而陳美鳳已經成了大明星囉！

有愛、有膽識的至情女子

強盜入侵的社會事件，經過媒體的大肆報導，群眾肯定我的冷靜處理對我讚譽有加，八個月後我也開始登上八點檔電視劇！

當時，華視的《家有仙妻》由林以真、澎恰恰和我演出；還有中視的《婆媳過招七十回》找了我和潘迎紫、素珠等人演出，安排我演一個惡媳婦的角色。聽到演的是壞女人，就覺得很猶豫。我不想演成兇惡的，我想把她演成只是有點嬌又有點三八，心腸卻是不壞的三八媳婦，這會比較討喜，於是我就照著自己的想法去演，演來非常自然。我也常在對白中添加一些臺灣俚俗語，演出就更生動有趣。果然這部戲一播出，我的演出大受歡迎。我真的把一個三八媳婦演活了。

我紅了之後許多廣告商便紛紛找上門，一個「矮肥短」的冬瓜露廣告，讓我又攀上一個高峰。

那是一家小廣告公司為客戶的冬瓜露提出「矮肥短」的案子（為了區隔其他品牌，外包裝特別設計圓圓矮矮的罐子，因此品名諧音「矮肥短」的閩南語讀音，就是英文的"everyday"要人天天喝的意思）。設定的廣告明星就是我，客戶非常滿意，要廣告公司的人快來找我。

但是我聽到「矮肥短」說什麼也不答應。我從小已經被人笑矮冬瓜了，怎麼可能願意接這樣的企劃呢？但那兩個年輕人不但天天打電話來拜託，還說：「我們是青年貸款來創業的小公司，這個機會對我們非常重要，我們的成敗就看這一次！」我一聽又動了惻隱之心，也就答應他們！

果然這個廣告非常成功，廣告歌曲也讓每個大人小孩都朗朗上口，而我，更受歡迎了！

說到成為知名主持人的過程，最早，我在中視的節目擔任助理主持，其實就只是拿獎品和念獎品名稱的角色而已，偶爾插一兩句話。這種主持人，被拍特寫鏡頭的機會比獎品還少！

後來主持華視的「歡樂大聯線」，才算當上了正式的主持人。爾後又主持了幾個當紅節目「連環泡」、「綜藝女人國」、「我愛冰冰」、「冰棒冰棒」、「好彩頭」、「接觸第六感」……才名氣大噪。

明星犯法與庶民同罪

工作滿檔的我開始嘗到當紅的滋味，每天秀約滿滿，節儉的我自己開車跑場，有時為了爭取時間，我甚至可以一手握方向盤另一隻手化妝，朋友笑說我根本就是危險駕駛。

有一次我開車在高速公路上遇到員警攔檢，但眼看著作秀時間就快來不及，我竟然大膽的直接從警車旁開過去，沒多久就聽到警車的鳴笛聲響起，員警追了上來，這時我才發覺事態嚴重，但又怕延誤到演出時間，只好加速繼續往前開，直接在高速公路上演警匪追逐戰。

沒想到收費站就在眼前，到底要乖乖付費還是直接闖過去？在腦海盤旋之間速度慢下來，就立刻被後方的警車攔截要我乖乖下車，當我下車時員警認出我，急說：「冰冰姊，原來是妳，我還以為是通緝犯呢！」我尷尬的說：「不好意思，因為我在趕場。」員警：「妳這樣太危險了，通常我們遇到這種情況，若妳再繼續逃跑，我們就會直接開槍了，妳為什麼遇到攔檢不停車呢？」我說：「我要停啊，但車子就停不下來。」員警：「停不下來妳可以慢慢滑行啊！」我回答：「有啊！」結果員警又好氣又好笑的說：「慢慢滑行妳可以從臺中滑到新竹喔？還真會滑。」

逗趣的對話結果，最後還是被員警開罰單。當晚在家裡回想此事才發現自己其實嚇到全身冷汗直流，頭髮都豎起來了。也趁此機會告訴大家，遇到攔檢時一定要乖乖停下車配合，否則員警真的是會開槍的喔！

攀上高峰奪得影后殊榮

秀場和錄影帶盛行時期，我還是個風雲人物，非常風光。當衛星電視出現後，發揮的空間就更大了。

新銳導演易智言編劇和執導的《寂寞芳心俱樂部》，找我演出描述一個中年女人的心情故事。我看了劇本，覺得這個故事很熟悉，好像作夢時經歷過，內心非常激動，我覺得這是緣分！就接演了。

導演要求我把所有的舞臺動作和電視演法全部忘掉，排出三個月的時間，每天下午接受表演的訓練課程。新人都很訝異，為什麼我還需要接受訓練？對我來說，與一些新人一起上課的經驗也很新鮮，我告訴他們，表演的深度與廣度是學習不完的，譬如舞臺、電影、電視的演法都不一樣，我也希望多吸收一些新知識，而且我發現對我的表演生涯受益良多，我的回應也讓新人們對我非常敬佩，他們說我謙虛又親切。

非常生活化的演出，電影一推出就受到一片好評，《寂寞芳心俱樂部》參加多項國際影展，應邀作為加拿大「多倫多影展」和「溫哥華影展」的觀摩影片，並且入圍荷蘭「鹿特丹影展」的競賽影片。最後，我獲得斯洛伐克影后的殊榮。

社會經驗漸漸豐富、待人處事懂得圓融、也精通臺灣俚語，聯合報鄉情版為我開專欄，連載我的「白冰冰講好話」，受到廣大讀者的歡迎，一些廣播電臺都拿去分享。「白冰冰講好話」後來集結出書，我把報紙的稿費和出書的版稅全部捐給「仁甫社會福利基金會」，作為低收入家庭子女助學金。

我自己小時候因家裡貧窮才無法繼續升學，這些捐款算是一點心意。這也是我走向公益的里程碑。在我有能力以後，遺憾自己沒有上大學，就培養弟弟們念書，讓他們個個都讀大學，其中一個弟弟遠赴日本明治大學留學。而且我還幫弟弟們張羅婚姻之事。

終於找回送養的小弟

工作順利之餘，我開始努力的把當年送人的弟妹都一一找回來，最後只剩下最小的弟弟一直找不到。

一九九二年，我在報章雜誌說我要找失散二十七年的小弟時，很多人都認為不太可能找得到。報章雜誌刊出後，有很多人寫信或打電話來，自稱說認得我的弟弟，最後發現都不是。

有一天，我接到基隆市警察局第四分局員警打來的電話，說他的鄰居很可能就是我的弟弟。我請他先寄照片來，一看到照片我便熱血沸騰馬上告訴自己：「終於找到了！」後來經過醫院檢驗ＤＮＡ證明無誤。我安排小弟和爸媽見面，一場天倫的聚會，大批記者趕到，爭相報導。找回小弟我無愧手足之情，也讓爸媽不再遺憾。

憑著不認輸的勇氣走出一條路。一生遇到多次兇險，卻像「九命怪貓」般活了過來。從鄉下的窮小孩一直奮鬥到演藝界受人敬重的大姐大，我打破宿命，成了大家的冰冰姊。我一直很忙，在電影、電視、錄影帶和唱片都同時進行時，曾經創下十二天無法回家睡覺的紀錄。

但是，演藝事業不進則退，我不能退。因為，紅的時候，大家搶著要你，等到不紅了，根本沒人理你。何況，我不認為自己的演藝事業已走到最高峰，我認為人生還有無限的可能。

只是在外面風風光光的我，深夜回到家裡洗完澡後，一個人在偌大的房間裡，獨自咀嚼寂寞的滋味。就在寧靜無波的生活中，誰知道，更大的試煉又接踵而來……

白冰冰找回小弟終於讓一家人團聚。

冰冰姊的頑張哲學④願意承擔勞苦重擔、就不必擔憂沒有機會

臺語有句諺語「甘願做牛，免驚無犁通拖」說的就是人只要願意承擔勞苦重擔、戮力以赴就不必擔憂沒有機會這個道理。佛家、儒家都開示信眾「知命是明心」知命就會知道修命，我知道自己是個窮命，所以我不會怨天也不想尤人，自己不畏艱難的拼命往前衝，終於「有經霜雪有逢春」等到了出頭天。

Chapter 5

天倫夢斷

刻劃在我心裡的那道傷痕
是永久無法痊癒的
只盼夢中再見一面
把她所有的表情刻在我心田
那怕是幾輩子後的第一眼
我依然能夠認出她是我的曉燕

措手不及的暴風雨

一九九七年四月十四日，星期一——噩夢開始的第一天

在決定曉燕和我命運的那天早晨，我們對即將來襲的恐懼和痛苦毫無預感，一切都如往常，四周的空氣也充滿著安詳。

身為電視節目主持人、電影演員、歌手，還要時常參與教育和公益活動，我每天的生活總是那麼的忙碌，雖然長期睡眠不足，卻過得極為充實且充滿幹勁。因為對我來說，一位白手起家的單親媽媽能有今日的成就，和最愛的家人生活在一起，我已感到滿足，並且帶著感恩之心。當天上午在攝影棚拍攝新曲MV的每一分、每一秒，可以說是我人生中最幸福的時刻。

《望無夢中人》這是新曲的歌名。錄影順利地進行著。就在要拍第二個鏡頭時，我的哥哥，突然緊張的拿著手機走向我。拍攝中，我做了手勢暗示他別再靠近我，可是他完全沒有理會執意要我接聽電話。他的舉動令我感到訝異，發現他的表情很嚴肅。錄影中斷，我接起電話。

電話筒裡傳來陌生男子的聲音，那聲音令人感到不舒服，口齒不清又陰沉沉的

出事前一天，曉燕還開心的與媽媽合演了歌仔戲。

語調，讓我感覺到對方可能是吸毒者或是爛醉如泥的酒鬼。他說：「這不是跟妳開玩笑，妳女兒的東西放在林口高爾夫球場旁的墓地。」

我不明白這究竟是怎麼一回事，更無法理解那令人作嘔的聲音到底與我的曉燕有何關係？

「白小姐，怎麼了？不對勁哦！」看到我在發楞的導演問著。

我在無法思考的情況下，笨拙地將那人的話重複一次：「說什麼我女兒的東西放在林口的墓地……我不太明白，我女兒的東西為什麼會有個酒鬼將它放在墳墓上，有沒有人可以替我去拿……」

導演聽了，張大著雙眼說：「不得了，是綁票啊！」

所有的工作人員聽到後大叫，震驚了攝影棚。「綁票」一詞立刻引起騷動，而我腦中一片空白。無論如何，我必須先確認，發抖的雙手緊張地撥了電話到曉燕的學校……

「曉燕從早上就沒有來學校啊！」老師的回答讓我血壓急速下降。可是……或許曉燕在上學途中因為身體不舒服回家了也說不定，我這麼安慰自己，又撥電話回家確認。

「曉燕去學校還沒回來……」電話裡媽媽的這句話，更令我期待幻滅。

曉燕真的被綁架了！

我害怕、緊張、恐懼、全身虛脫。陷於恐慌中的我，無法冷靜思考判斷，整個人亂了方寸，腦海裡只有曉燕，控制不住自己的思緒，除了報警外實在是想不出更好的法子。

錄影中止，所有工作人員全體出動，往歹徒指定的林口長庚球場找了又找，就是找不到所謂的墓地。有人說球場裡面也有幾個墳墓喔！因此全體人員又往球場內移動，這時候員警也到了，大家分組分頭尋找，我與大哥一組往球場移動。

白天的球場綠盈盈的，誰知到了夜晚伸手不見五指，陰風呼號加上野狗吠叫，只有昏暗的手電筒指引，慌張中不斷的跌倒。進球場時有人告誡要小心草地的毒蛇，可是我什麼時候與大哥走散了都不知道，偌大的球場孤單的我根本找不到方向又怕又緊張，我找不到出口，這時候一大群人來找我要我撤退，不甘心的我努力地看了又看，真的完全看不到有墳墓的樣子。

當我隨著大家到了球場的出口，在警衛亭的旁邊我頹喪的往地上坐，右手碰到了什麼東西，在昏暗的路燈下一看是個塑膠袋，再用手電筒一照，我剛好就坐在墳墓上面，這……急忙要打開塑膠袋，員警告訴我歹徒可能躲在附近，要我們先撤退。

緊急回到家中正要打開，員警說千萬不要留下指紋，因此我用筷子與叉子慢慢的打開塑膠袋的結。裡面是一個鐵製的飯盒，再打開之後發現裡面是一團沾血的衛生紙，打開衛生紙之後用筷子夾起一團東西，當我還不能確定這是什麼的時候，旁邊的人大聲地叫了出來：「手指頭！」天哪！我嚇呆了，我深怕夾在手中的手指頭掉了下去，就這麼緊緊的夾著，心裡揪成一團。

痛啊！痛啊！痛到極點！曉燕一定很痛，一定很痛！天哪！我心好痛，我該怎麼辦，當下亂了，六神無主。陷入極度悲憤的我，緊接著又看到放在飯盒裡的三張相片。剎那間，翻滾的熱血又迅速凍結了。兩張相片是兩手舉高，從頸部被綁緊，白色制服被往上拉開露出胸部，而臉部只露鼻孔，其他的地方都被膠帶黏得像包裹似的，真是淒慘。另外一張是從左手肘部拍向手指的特寫，小指的切斷部分用鐵絲捆繞著，看得到血液在滲出、手指頭已腫脹。

這張相片擺明就是想告知：這是曉燕的手指！曉燕的手指被切斷了，天啊！曉燕必定無法忍受左手小指被切斷的疼痛而大哭喊叫！可是，歹徒狠心地用膠帶貼住她的嘴，一定會令她窒息。一想到曉燕可能會呼吸困難及所受的痛苦，不安和恐懼令我跪在地上叫了出來：「快點！你們誰快點救她好嗎？快點！拜託你們！」我的神經緊繃，身體不停地顫抖。

搜查員把曉燕的手指頭和相片放回塑膠袋後，匆匆離開了。

我全身虛脫地坐在地上。但是我的恐懼立刻被海嘯般湧至我家的媒體記者、採訪的電話以及響不停的門鈴聲打斷……不僅如此，接下來的日子，我家門前的道路上停放著大型電視轉播車，上空還有直升機盤旋……無法形容當時那令人難以置信的情景。

我知道這是警方將消息洩漏給媒體的結果。歹徒若看到我家門口滿是媒體車，就知道我已經報警了，曉燕命休矣……完了！大事不妙。該怎麼辦才好呢？我走出家門，哀求記者遠離，並且低聲下氣對他們說：「要是讓歹徒知道員警與媒體已知道了，我女兒將有生命危險，拜託大家離開，不要報導。」可是，整個情勢越鬧越大，已到無法收拾的地步。

無奈又恐懼的我只能打電話給各家電視臺的負責人，懇求他們下令停止採訪。雖然他們都答應了我，但事實上，記者與轉播車只是暫時退一條巷子，隔天又都移回來了。後來，我再打電話請新聞局長幫忙，但情況仍未改善。

緊接著是忙著接聽從員警、媒體得知真相的親人、朋友們打來的慰問電話，這些慰問不但不能幫上忙，反而徒增我心中的恐懼，只有求大家不要佔線，這是曉燕的生命線啊！每次接聽電話，我就擔心，究竟又有多少人知道了呢？電話還是不停的響，要接也不是不接也不行，到底哪通才是歹徒打的啊？

瀕臨崩潰的我，接下來必須配合員警調查我的親人朋友，從他們開始進行調查。因為警方說：綁架案，通常都是熟人幹的。一整晚的訊問中，話題一直圍繞在親人朋友的職業、財產和人際關係等等，甚至於「這個人值不值得懷疑」之類的話。在訊問進行當中，仍有很多人打電話來。我每次接起電話時，心中就懷疑對方或許和歹徒有關係也說不定。到底我該信任誰呢？這個想法令我感到驚愕。

想到曉燕手指上的傷口以及對媒體的無奈、對親人朋友的懷疑，我開始感到自我厭棄。接連不斷的衝擊，我已陷入招架不住的困境……然而，曉燕還在歹徒手中，歹徒也應該會打電話來要求贖金了，我必須堅強，希望能儘早與歹徒聯絡上。在這緊急時刻慰問電話依然不斷，但這個時候，只有歹徒打來的電話是我期待的，除此之外，不知有誰能夠拯救曉燕的生命？期待和失望就這麼地反覆到天亮。

這晚，就在等待中，眼睛睜得大大的，心裡拼命求菩薩保佑曉燕。叫出來名號的眾神佛啊，相信你們都聽到我的呼喊了。可是，怎麼會……

四月十五日，星期二——無力承擔的巨額贖款

第二天晚上七點鐘，終於等到歹徒的電話。

「準備好美金五百萬元，必須是不連號的舊鈔。」這是歹徒的要求。

五百萬美金，等於新臺幣一億三千萬元的鉅款。他們以為我是誰啊，怎麼會認為我有這個實力呢？要湊足一億三千萬元已是天大的難題，更何況要換成美元舊鈔。我開始煩惱該從哪裡籌錢？可是為了女兒，還是得想辦法，只好硬著頭皮打電話向朋友開口。

第一位朋友對我說：「一百五十萬以內的話，可以立刻借給妳。」雖然他爽快地答應借錢給我，但是金額差距之大讓我沮喪！想多借一些，但又不能向他說明真相，只好繼續努力，可是每打一通電話，就增加一次失望！很氣餒，到底還要再打多少電話才能將錢湊齊呢？

一直打著電話湊錢的我除了著急還很擔心，深怕因佔線而讓歹徒打不進來。可是期待的電話沒打來，和昨天一樣都是媒體和慰問電話。其中也有毫不知情的朋友們打來，但我實在怕佔線，也由於每天應付超過上百通電話已疲憊不堪，所以就都不客氣地掛斷電話。對此我深感抱歉，當時內心萬分焦急處於等待決定女兒生死電話的我，敬請諸位友人諒解！

正在煩惱還能找誰借錢的時候，菩薩出現了！新光企業吳東亮、吳東昇兩兄弟聽我說要五百萬美元舊鈔、不能連號，馬上告訴我：「妳不必擔心，我們會全部準備好給妳。」還有許安進、何麗玲、陳維祥、黃璽文……等等好友，也都提供各種不同的幫助。

我，除了感動還是感動！

在驚慌與恐懼中，想到歹徒對曉燕所做出的不人道行為，以及令人頭痛的天文數字贖金，我不再認為歹徒尚存人性。墜落在地獄裡的曉燕，千萬要挺住啊！

菩薩啊！請保佑曉燕啊！

四月十六日，星期三——交付贖款

中午，歹徒來電要求在今天準備好贖金。為了確認曉燕的安全，我要求說：「曉燕是否平安呢？讓我聽聽她的聲音。」歹徒沉默地掛斷電話。十分鐘後，歹徒再次來電話。從電話那頭傳來女人的聲音，是用錄音的，她說：「中國時報頭條新聞。」

不，這不是曉燕的聲音！十七年的母女感情，從呱呱落地到每一個成長階段，曉燕的聲音，我怎會聽不出來？我知道，那絕對不是曉燕的聲音！

我更擔心曉燕左手小指的傷口，心想到底有沒有為她治療傷口呢？我拜託員警：「或許歹徒為了幫曉燕治療傷口曾帶她去醫院或是到藥房買藥也說不定，所以請查一下全臺北地區的醫院和藥房可以嗎？」我以為歹徒還有人性，最後證實他們根本沒有讓曉燕止痛或消炎，只用鐵絲緊緊綁住傷口。啊～～～天啊！

四月十七日，星期四——焦急、恐懼、無助

這三天以來，我像熱鍋上的螞蟻，焦急不安地在家裡走來走去。為什麼？為什麼不來電話呢？他們不是要錢嗎？就快點打電話來呀！再不行，我這條命也給他們好了！求他們把曉燕還給我！

殘酷的歹徒就像是貓戲弄半死狀態的老鼠一樣，凌虐著曉燕。我好擔憂，甚至有人告訴我，這些人心性不正常，會不會陸續寄來曉燕的耳朵、腳趾甚至……喔！別說了！總之我快失去理智了，這樣折磨我，我的神經已緊繃到極點。

下午一點，終於等到了歹徒的電話。「下午三點，妳一個人到南崁的保齡球館。」歹徒終於指定了交錢的地點。

啊！這下子總算可以救出曉燕了。

我和偽裝成計程車司機的員警驅車前往歹徒指定的地點等了三個小時，不見歹徒露面。我問員警該怎麼辦？員警說：「還是先回去吧！」就當車子快抵達我家時，手機又響了。

「妳怎麼還不來？」是歹徒的聲音。我趕忙回答：「我去過了，等不到人。」「妳再來一趟！原來的地方。」我察覺歹徒是在考驗我們。

再次來到南崁保齡球館，還是不見歹徒露臉，我焦急的眺望四周，這時我才驚覺大事不妙。剛才來的時候沒注意到，在這輛計程車的周圍停放著幾輛看似眼熟的汽車。雖然對汽車的廠牌並不熟悉，但我記得那些車子的顏色和形狀。

一問之下，得知全是警方人員，我心頭一震。完了！這些車輛完全沒經過偽裝，肯定已被歹徒看穿這是警方。看樣子所有的計畫全暴露了，一種不祥之感頓時湧上心頭。

果然手機響了，傳來歹徒兇狠的聲音。「白冰冰，妳竟敢報警！」我心慌的快跳出來了，故作鎮靜地說：「沒有，絕對沒有報警。」之後歹徒又以強硬的口氣命令我：「到附近的攤子買一千塊錢的檳榔。」為什麼要買一千塊的檳榔？這時我才發覺，除了放在車裡的五百萬美金之外，身無分文。

「對不起，我沒有一千元。」我這麼一說，歹徒大聲地喝道：「胡說！一千元妳會沒有嗎？妳是不是騙我，根本沒有帶錢來。」「不……我只想到要把美金帶來，所以忘了帶零錢。」「那妳怎麼付計程車費？」這一問，讓我驚慌失措，停滯了許久。我身無分文卻能搭計程車來到這裡，這怎麼也說不通。怎麼回答才妥當呢？不馬上答覆，會被看出破綻，我左思右想的找到了勉強敷衍的理由。「我打算回家後才付車資的，所以就沒帶錢來。真的，我沒有一千塊錢，怎麼辦呢？」歹徒掛斷了我的電話。

不一會兒，計程車開到了檳榔攤前。我向員警司機借了一千塊，走進店裡。為了避免被店員認出身分，我故意把臉轉向一邊說：「我要買一千塊錢的檳榔。」在我等店員包檳榔的時候，無意地朝店外掃了一眼，發現有輛不尋常的計程車停放在附近。雖說是計程車，車窗卻貼著黑色反光紙。心中非常忐忑，這到底是歹徒還是員警？

這時，店裡的電話響了。店員走出來將電話遞給我，我感到納悶，一聽電話，話筒裡傳來歹徒的怒吼：「妳他媽的果然在耍我，不想要女兒了嗎？四周都是員警。妳坐的那輛計程車的司機也是員警吧！」很明顯的，歹徒在暗中觀察著我們。就連我向「司機」借錢的情景，他們也必定看到了。

如果贖款的交接失敗，曉燕也難逃不測。「不是的，請你們相信我。」我只能哀求著。「要是還想要妳的女兒，就趕緊另外找一隻手機，還有不准回妳家！」歹徒說完就掛斷電話。

起初以為只要交出錢就可以帶回女兒，然而這個心願在瞬間完全破滅了。怎麼辦呢？整個亂了方寸，整個事態的演變完全出乎意料之外。不讓我回家，應該是歹徒認為我家四周都是員警與媒體記者，會影響他們取贖款。不能回家，我該何去何從？霎時間腦海裡浮現出村長的臉！

我和員警從村長家後門進入村長家。村長的老母親看到我的樣子很不忍心，對我極為關懷。只是案發以來我變得極端敏感，一點小事也會使我發火，別人的關懷有時也會令我感到厭煩。但是，對八十高齡老婆婆的關懷和勸導，我無法發作，因而感到有些困惑。

老婆婆像是看透了我的內心世界，慈祥地說：「妳現在什麼都吃不下是很自然的事，我很能理解妳的心情。可是妳要想一想，妳得和歹徒鬥啊，妳現在的樣子怎麼鬥呢？喝點水，不喝水的話，腦袋裡的血液循環就無法順暢，也就想不出好辦法來。真想救女兒的話，就得喝水。」聽了老婆婆的話，看著她辛苦地上下樓梯，為我端來一杯水。我內心悸動，感動的話哽在喉頭。

手上端著水，心裡想著每次接到歹徒電話時，我都這樣請求歹徒：「求求你們一定要給我女兒喝點水啊！」可是歹徒根本就不理睬。所以我想曉燕必定和我一樣沒吃沒喝，幾天來，曉燕一定是在極度恐懼、傷痛和饑餓中痛苦不堪，度時如年。

我想為女兒分擔一些痛苦，以不吃不喝和女兒化為一體。其實是我想親身體驗一個人不吃不喝能夠存活多久？我堅信如果我不吃不喝還能撐下去的話，曉燕就一定還能活著！

晚上，員警集合在村長家裡商討應付方法。大家都認為歹徒可能在夜裡進行活動，於是決定徹夜等待歹徒的電話。員警還對我說：「現在睡覺的話，歹徒隨時打電話進來，妳會無法應對得好，所以妳最好不要睡。」

對這群歹徒的行動方式，大家都只能猜測，誰都不瞭解。就這樣，深夜十二點、一點、二點、三點……我們只能消極的等待歹徒的聯絡。等待、等待、再等待……

天就快亮了，依然沒有歹徒的電話，看著員警睡著了，我的眼睛睜得比貓頭鷹還大，直盯著手機期待電話快來。喝了水實在憋不住想上廁所，把手機帶進洗手間，發現廁所沒有訊號嚇得趕緊衝出來，把手機放在客廳，不敢關上廁所的門，深怕聽不到鈴響，再以最快的速度趕回客廳，繼續守著電話。腦中一片空白的我只能合起雙手向月亮祈禱。

四月十八日，星期五——希望再度落空

早上十點三十分，歹徒打電話來指示：「十二點三十分到臺北市辛亥隧道附近。」

我們從昨天的失敗中學習到司機必須偽裝。所以，身材瘦小的男警扮成女裝，我佯稱我不會開車，是我大嫂替我開車，另兩位員警配合黑色座椅穿上黑色夾克，彎著身軀躲藏在後座下。

結果道路上交通擁擠，車子速度緩慢，無法在指定時間內抵達。途中歹徒打手機催我：「為什麼還沒到！」「對不起，路上塞車，再過十分鐘就到了，請再稍等一下。」我一邊回答，一邊還擔心女兒的平安，便問：「能幫我問一下我女兒，媽媽最好的朋友叫什麼名字？」歹徒掛斷電話，令我感到驚慌，以為他生氣了。

十分鐘後車子抵達辛亥隧道附近，手機又響了。「妳的朋友名叫〇〇〇」歹徒說著。啊！曉燕還活著，謝天謝地。那只是瞬間的喜悅，歹徒接著說：「打開全部的車窗，以時速十公里慢慢地開到附近的 7-11 便利商店去。」

氣氛開始緊張了，因為車內躲藏了員警，開了窗就洩底了。可是，一時也想不出什麼好辦法。於是我說：「把窗打開的話，被認出我是白冰冰那就麻煩了，會影響我交錢給你。」「照我的話去做！」歹徒一點也不理會我說的話。我擔心歹徒在高處監視著我們，於是眼光向上望了望。這時車內的員警正努力的把放錢的沉重行李箱往身上遮掩，最後沒辦法，只好慢慢的把窗打開。

歹徒又指示：「找這條路右邊的第四個消防栓有一張紙條。」在消防栓附近找了又找，終於發現在隱密的取水口裡面藏有空的飲料瓶，空瓶裡有紙條。我想或許空瓶上留有歹徒的指紋，就將手套上塑膠袋後才把它拿出來，並用外套的袖子遮住所有動作，以防歹徒監視。

信裡潦草寫著交款地點——內湖（歹徒後來供稱，這封信是叫曉燕寫的。可是，我卻怎麼看也看不出是曉燕的筆跡，否則就是在極度恐懼下寫的，字的筆劃搖搖晃晃地抖動著）。

計程車開往內湖，途中我們發現信上所寫的地點是條人煙稀少、前方是死路的單行道。歹徒計畫周到，冷清的單行道，可立刻察覺是否有車子跟蹤。實際上，我們這部車的周圍和昨天一樣，被幾輛警方的汽車和機車跟著。我甚至發現其中竟有和昨天相同的車子在內。我得立即阻止這些車子繼續跟蹤才是。

計程車裡，我們開始爭論起來。我主張繼續往指定的地點去。可是，司機說那地方太危險了，一夥人去了一定會被衝鋒槍射殺。躲在後座下的員警也勸我：「那是一條死巷，歹徒的火力強大，如果我們的來路被堵住的話，就無路可逃了。他們很可能開槍射殺我們，然後把錢搶走，馬上回頭吧！要不然大家只是死路一條。」這怎麼能回頭啊！我們是要來救人的。我歇斯底里地大聲喊叫。

這時，手機又響了。「怎麼還沒來？」是歹徒打來的。「不熟悉路呀！好像迷路了，怎麼辦才好呢？」歹徒沉默一陣子之後，指定了新的地點。要我到新莊的住宅展覽場去。我請求他：「到新莊需要花上一個小時。我就把錢放在這裡，你拿了之後就立刻放我女兒回家。」可是，電話又掛斷了。

趕往新莊的住宅展覽場周圍有很多高樓大廈，若由高處往下看，可以完全掌握車內情況。我們決定進入展覽場。在展覽場等了兩個小時，歹徒還是沒來電話，我們又帶著失望的心情回去。就在快到家的時候，歹徒又來電話說：「為什麼沒來展覽場！」「剛才就在那裡等了兩個半小時啊！」我答道。「再去一次，現在就去。」歹徒說。

歹徒接二連三的改變主意，更換付款地點，目的為何？令我感到不安，很擔心曉燕的安危，因此再次問：「求求你們，無論如何我想知道女兒是否平安，拜託你讓我聽聽我女兒的聲音好嗎？請你們一定要給她吃東西、給她喝水好嗎？」歹徒回說「已經不可能了」就掛斷了電話。聽歹徒如此回話，我方寸大亂已接近瘋狂了。

再次回到新莊的住宅展覽場。歹徒又來電命令說：「到剛才那家的隔壁。」歹徒一定是在同一個地方監視我們。感到非常口渴，我問歹徒：「我口好渴，可不可以進去喝杯水呢？也想上廁所……」由於被監視著，為了不被懷疑，所有的行動我都必須得到他們的允許。

進入室內，拿杯子裝水時，忽然想起車中的三位員警。我們離開村長家已經超過十個小時，這期間他們沒吃也沒喝，尤其是躲在狹窄後座下的兩位員警，一直彎起身軀躲藏著，一定很難再忍受下去了，應該很想上廁所吧！我想為他們裝點水，可是又想到歹徒的監視，只好作罷。

歹徒再次來電：「以時速十公里的速度回去妳家，並將車燈一亮一滅的沿途開回去。」一再被捉弄的我，心中又急又氣，但也無可奈何。歹徒指示我開車的方式，必定是想在途中讓某人確認車子的動向。當時，我感覺到歹徒肯定是個龐大的組織。

快抵達我家時，我發現再三拜託請求遠離的SNG電視轉播車和新聞記者們竟然還待在那裡。糟糕，若是歹徒在附近監視的話，肯定會看到這種情況。這時歹徒又來電話：「到林口體育館。」到了體育館後，歹徒又指示：「到附近的傢俱店去。」依照歹徒的指示進了傢俱店後，店長熱情介紹每樣傢俱。店裡站了幾位一眼就可認出的便衣員警，我發現他們站在我的周圍，擔心歹徒會從窗外看到他們。結果，等了兩個鐘頭，又被晃點了。

既疲倦又沮喪地回到村長家，不知是從何處洩漏風聲的，沿途竟然被許多新聞記者跟蹤。我要求他們離開，記者們說：「我們也很擔心妳女兒的安危，所以想來幫妳的忙。」當下我把他們與未知的歹徒聯想在一起。他們一個個逼近的臉孔，令我感到猙獰。

回到村長家後，後座的兩位員警因為躲藏時間過長，再加上身體一直彎曲著，已經無法站立了。看到他們臉色蒼白，勉強站起來，滿頭大汗，半走半爬的衝進洗手間的狀況，我心中感到萬分的抱歉。心中卻也想著，今天若與歹徒直接面對了，以他們這樣的狀況如何與歹徒搏鬥。唉……

四月十九日，星期六——悲傷的流浪者

既然媒體已追蹤到了，我就無法繼續住在村長家。清晨五點天還沒亮，我和三位員警確認停在村長家周圍車內的記者們熟睡後，悄悄地拎著鞋、光著腳從後門離開。經過記者車子旁邊時，我彎下腰，像小偷似的躡手躡腳，前進一段距離後，就使出全身之力往前衝。

不知跑了多久……確定沒問題後，準備穿上鞋時，才發現腳底已在滲血並感到疼痛。拖著疼痛的腳，上哪兒去好呢？茫茫然的走了一陣子，灰黑的夜空，漸漸地露出微光，天就快亮了，我們深感走投無路之苦。現在的我，不只是找不到女兒，就連自己也無處可去……寒風侵襲著我，帶著悲傷的心情、拖著沉重的腳步，無法更衣、身體虛弱又骯髒不堪，漫無目的的不知該去哪裡。還好朋友好心的收留我們，但我知道待在此地不是長久之計，於是隔天凌晨便離開了。

從沒想過我會淪落至此，到底該何去何從連員警們也沒有答案。不知又走了多久，突然覺得，現在回家應該不要緊吧！離開村長家後，媒體也應該到處在尋找我們的下落，我想，家裡附近應該沒有記者了。

隔了三天，回到自己的家。沒有人知道我回家了，所以沒有任何人打電話來，包括歹徒，歹徒也沒再來電聯絡了……

為了這件事，我與員警在家裡激烈的爭吵起來。我認為警方的偽裝太粗糙了，十七、十八日這兩天，我們的行動被歹徒看穿而失敗。可是警方說：「歹徒沒有聯絡只是一種手段，不需要那麼擔心。」

「你們不擔心，我擔心啊！我女兒失蹤第一天就被他們切掉手指，又痛又怕又餓的，落在壞蛋手裡，會再受到什麼遭遇啊？何況過了這麼多天，你們認為她撐得過來嗎？」

終於有人說：「這種情況並不樂觀，兩天都沒有聯絡，我認為歹徒正在移動中。恐怕在逃亡之前，有可能將礙手礙腳的人質殺了……」

在極度的傷心下，我想爆粗口。雖然我知道大家一直努力不懈救人，可是曉燕呢？渺無音訊，唉！凶多吉少！

四月二十一日，星期一——斷了音訊

事情發生到現在已經一個星期了，歹徒與我中斷了聯絡。

我把自己關在房裡，想著這一個星期，曉燕到底受到什麼樣的遭遇？假如她沒吃沒喝的話，應該是已到了忍受的極限。而斷了小指的手，歹徒到底有沒有為她止痛、敷藥？若是沒有，光是破傷風也會要了她的命。我痛苦的想著，無法替曉燕解決痛苦；我好恨我自己，沒有好好保護她，反倒是我為生活所做的努力害了她！

我是曉燕這世上唯一能依靠的人。曉燕的眼裡覺得媽媽就像一座山一樣，值得信賴，我讓她覺得沒有爸爸並沒什麼大不了。在她心中，媽媽是萬能的。但是現在的我，卻是一點辦法都沒有。不僅如此，還是因為我這個媽媽，才讓她受到這樣的折磨。曉燕，媽媽真的很對不起妳，對不起妳！

隔天二十二日，依然沒有歹徒的電話。為了不讓記者攝影，我拉上了家中所有的窗簾，整個屋子顯得陰沉沉的。這兩天來，我就像沉在陰暗、無聲的深海底，咒罵自己的懦弱、悲歎自己的命運，更痛恨歹徒的殘酷。

四月二十三日，星期三——重新燃起希望

在沙發上等著電話。糟糕了，斷線了，怎麼辦？連續八天的極度恐慌、疲累，加上哭泣、流淚，一不小心睡著了。忽然間，電話聲驚醒了我。早已陷入絕望中的我，或許是等待的煎熬之故，在接到電話的那一刻，心中竟充滿了慶幸。

「晚上七點，一個人到新竹體育館。」歹徒指示著。

約定的時間到了，他們還是沒出現。我想歹徒一定是從某個地方觀察這邊的情況。九點、十點，早已過了約定時間，仍然不見歹徒露面。這段時間，我習慣觀察周遭的情況，我似乎已成了辦案的刑警。

看到一位拿著網球拍的男人，雖是一副休閒裝扮，但是我感覺是員警所扮的。停放在離我不遠地方的車子也很怪異。仔細一看，車裡的人居然拿著長鏡頭朝我這邊拍，又是報社或電視臺的攝影記者。我已拜託過他們了，為什麼把別人的不幸、把人命作為報導題材的人，我充滿了無力感。

記者們步步逼人的跟蹤方式，是會讓曉燕送命的，因此我拜託身旁的員警用無線電請他們離開。結果呢？拿著網球拍的便衣員警，朝著那部車走過去，跟攝影記者短暫對話後，過了不久，那部車似乎只是繞了一圈，又回到原點。此時前後左右

四周都是媒體，更誇張的是，天上還有媒體的直升機盤旋著。看到這種狀況，我整個心都涼了，死了！曉燕穩死的，她死了我也不想活了！

到了十一點，歹徒還是沒出現。而我分不清哪一個人、哪一輛車是刑警，還是記者亦或是歹徒。天啊！我要崩潰……

四月二十四日，星期四——鎖定歹徒身分

歹徒又中斷了聯絡。但是今天，警方拿來了很多監錄歹徒聲音的錄音帶。聽了許久，沒聽到任何熟悉的聲音。

不知已聽了幾卷，聽覺也漸漸開始麻痺時，突然，一陣熟悉的男人聲音傳入了耳朵裡。正是威脅我多日的男人聲音，就是這個聲音沒有錯！就在確認的這一瞬間，我無法控制自己的淚水和哭聲，我不停地哭著。

終於有了歹徒的線索，以為馬上就可以見到曉燕的心情一直無法平靜。總覺得早已遠離我的曉燕，此時此刻，又回到了我的身邊……這種感覺，的確令我感到些許的安心。

可是，不快行動的話，曉燕就快痛死、餓死了！祈求老天爺保佑曉燕啊！

四月二十五日，星期五——歹徒落網？

下午六點四十五分左右，歹徒又來了指示：「晚上八點鐘，一個人到桃園體育館來。」我一路奔往桃園，坐在車裡心想：「林口、新竹、桃園……為何歹徒總是指定體育館為交款地點呢？」

我在指定的時間內抵達體育館，依然不見歹徒出現。我心裡想著等歹徒拿走了錢，放了曉燕之後，無論天涯海角我一定會去找他拼命。九點左右，正當我們準備掉頭回家時，手機響了。

是警方打來的：「歹徒剛剛落網，請妳馬上回家待命。」捉到歹徒了！我大聲叫了起來。

趕回家的路上，車子裡像是放了鞭炮似的，充滿了歡呼聲。一陣海嘯般的歡喜過後，隨著而來的又是憂慮、不安。從十四日開始算起，已是第十二天，曉燕到底有沒有吃喝？手指頭還痛著，身體一定相當虛弱吧！如果已捉到歹徒，曉燕也應該被救出來了吧？警方應該會將生命垂危的曉燕直接送往醫院，怎麼會叫我回家呢？想到這裡，我開始坐立不安，立刻對開車的員警說：「我們不回家，直接去醫院吧！」但是員警卻對我說：「不行，捉到的不是主嫌犯，所以無論如何，我們得馬上回家等候消息。」

不是主嫌犯？這和剛才聽到的不一樣啊！這到底是怎麼一回事？員警安慰我：「妳不用擔心，過不了多久，嫌犯就會將共謀及藏曉燕的地方招供出來的，妳可以放心啦！」看那位員警充滿信心的樣子，我恢復了鎮靜。算了算時間，大概還要過四十分鐘才能到家。這時我想到，我得幫曉燕準備換洗衣物和盥洗用具。

一回到家，我馬上衝到曉燕的房間。底褲、胸罩、襪子、毛巾、浴巾、衣服、牙刷，還有她睡覺時不離手的布娃娃……我忙碌地打包著行李，把一切準備妥當，隨時等候聯絡，飛奔過去。我想緊緊的抱住她，即使她上洗手間，我也寸步不離……我拿著裝滿曉燕東西的行李袋，急得像熱鍋上的螞蟻，一分一秒就像一個世紀！

到了十一點，仍然沒有消息。我漸漸不能抑制自己的情緒，衝動對著一起等待消息的員警說：「為什麼到現在還不聯絡呢？」員警勸說：「在偵訊當中，如果打電話去催促，可能會妨礙了他們辦事。」我又再次強迫自己冷靜下來。之後，又繼續等了三十分鐘，我的耐性似乎已到了極限。我打電話詢問警方，也只得到一些不得要領的回答。

我開始感到疑惑，覺得不太對勁。我不停地想像那些降臨在曉燕身上的痛苦。

那些失去人性的歹徒，一定不可能替曉燕處理手指的傷勢，傷口肯定已嚴重化膿了。十二天！已經痛十二天了啊！傷口的疼痛、恐懼和饑餓，哪個小孩能夠忍受得了呢？甚至暴力……那些不正常的暴力男人，啊！我簡直不敢想像……

我渴望見到女兒的心情已高漲至極點。即使曉燕從歹徒的邪惡控制中被解救出來，她的心理可能一輩子都無法恢復正常。看了一下錶，時間是凌晨兩點。此時，電視正實況轉播刑事警察局長的緊急記者會。這到底是怎麼一回事？我不能理解到底發生了什麼事，只能眼睜睜的盯著電視畫面看。

這時候，刑事警察局長發表了曉燕被綁架的事實，還有三名嫌犯已遭逮捕的消息。我這才從電視上得知歹徒的名字。就只是這些消息？曉燕呢？她怎麼了？我情緒激動地等待著警方發表曉燕被救出的消息，然而從刑事局長口中說出的竟是：「至於主嫌犯三人仍在逃亡中。」像被雷電打到似的，我當場跳了起來。我不管記者招待會是否已結束，急忙撥電話給刑事局長。

「實在是非常抱歉……曉燕的下落，我想只有主嫌犯才知道，尚未……」這就是刑事局長無奈的回答。我拿著話筒的手不停地顫抖著，禁不住的淚水又再奪眶而出。好不容易才變得開朗些的親族們，氣氛陷入更鬱悶的氣氛中……我處於憤怒和驚恐的狀態中。

如果曉燕就這樣行蹤不明的話，我將會死掉，我不想活了，我激動的想著。無窮盡的煎熬等待，結果徒留滿腹的驚慌與悲傷。為什麼在歹徒尚未全部逮捕之前就召開記者會呢？至少在未確認曉燕是否平安之前應該要隱瞞這件事，不是嗎？但是警方告訴我，如果沒有公開此事，也就無法阻止歹徒逃亡國外。

四月二十六日，星期六——哭求大家救曉燕

離清晨六點的記者會還有兩個半小時。等待的過程中，心頭如同螞蟻啃食，腦中一片空白，我該說些什麼才能夠拯救曉燕呢？六點，我痛恨的媒體！騷動著讓我不安，但我現在卻需要他們的協助。

我面對著攝影機說：「曉燕從失蹤到現在已經第十三天了，這十三天的痛苦煎熬，我因為報警讓事態變得不可收拾，我好像做錯了，可是我沒有後悔報警，因為社會不容許這樣的事情一再發生。拜託大家一起救曉燕。她只是一張白紙，一個弱小的孩子！」後來情緒無法控制，暴哭吶喊：「請大家幫忙，救白曉燕！」

一連兩天，淡水、五股、八里、宜蘭、新竹等地，軍警調查局開始進行大規模搜索，尋找曉燕的下落。我的家人、親戚朋友們也都加入搜索陣容。不僅如此，全臺灣的人都在幫我們祈福、禱告。

結果，在五股和淡水其中一名主嫌的住處裡，發現了曉燕曾被監禁的行蹤。但是，警方總是慢了一步！一波波的失望，分秒必爭的驚慌，我頭疼欲裂，全身發熱。我想我可能要生病了！老天爺，緊要關頭，我不能倒下去！

四月二十八日，星期一——相見也是永別

經過了兩個星期，但感覺比兩個世紀更久。開始公開搜索之後，雖然漸漸縮小了偵查逮捕範圍，但是依然沒有曉燕的任何線索。

事到如今，已不是灰心沮喪就能了事了。別說一天的時間，即使只是一分一秒，奪走曉燕性命的可能性也很大。況且，大規模的搜索，歹徒為了要逃亡，會不會把她丟棄在人煙稀少的荒地，讓她自生自滅？還是……一想到這裡，我心急如焚。

每天的搜索更是不分白天黑夜。到了夜晚，大家拿著手電筒尋找曉燕，彷彿又回到第一天在長庚球場找尋的景象！

晚上七點，自從警方召開記者會那天以來，一直開著的電視機傳來一項驚人的消息——在五股工業區中港的排水溝裡，發現了貌似曉燕的年輕女性屍體。這個報導是怎麼一回事啊？我早已習慣媒體以戲劇性的態度來報導這件事。但是，我絕不能容忍他們在尚未確認身分之前，就扯上曉燕。至少，警方都尚未與我聯絡。可是在那之後，多家電視臺也都播放了相同的報導。

根據報導，屍體的左手小指被切斷了……我一時血壓上升、心涼了、人頹了。我想，或許我該認命。我始終抱持的一線希望如今已破滅。

在陳屍現場見到離別十五天的曉燕，她早已不成人形。那小小的胸部和微胖的腿，一眼即看出是我可憐的曉燕，我仔細看著她的頭部、臉部，因被歹徒毆打而變了形。天啊！這些歹徒真是太狠毒！

歹徒將六支大鐵槌緊緊地綁在曉燕的脖子上（三支）、腰上（兩支）、及腳上（一支），左手小指頭被切斷，傷口用鐵絲纏繞著……看到此，我的心真的被撕成碎片了，我那樣哀求歹徒，歹徒還是完全泯滅人性。

臉部完全看不出曉燕清純的容貌，眼睛已被啃食，頭部腫了兩倍大、塌了兩個大大的窟窿、一根毛髮也沒有，腹部則有多處紫黑的瘀傷，那是被踹的傷痕。

我悲傷的告訴曉燕：「看到這樣的妳，媽媽心好痛，媽媽救不到妳，對不起妳！

妳現在還痛嗎？不痛了吧！看到妳解脫了，總比還落在他們手裡好些。妳痛，媽媽就痛，妳不痛媽媽就不痛，現在我們都不痛了……」

忍住眼淚不讓決堤，才是我此生最痛苦的經驗啊！寫到這裡我又不能自已……現在，曉燕離開世間已成事實，整個事件，檢警調單位輸了，曉燕的生命也賠上了。我不甘心，我絕不能哭給躲在暗處的歹徒看，我更不能在曉燕面前哭！她死前多麼盼望她心目中勇敢的媽媽前來救她，然而有能力幫助別人的媽媽，卻在自己的女兒最危難的時刻束手無策。

老天啊！若真有神佛，祢們都躲到哪兒去了呀……

四月二十九日，星期二——令人痛心疾首的驗屍結果

眼前，刑事警察局長流著眼淚向我道歉。在我眼前流淚的這個人，竟是維持臺灣治安的最高負責人之一。曉燕依賴我，而我依賴這個人才能撐到今天。如今讓我看到他軟弱的一面，我無所適從，我心裡好苦。但是，絕不能再讓歹徒取笑我們的懦弱。只是，當我從法醫那裡聽到報告時，心疼到極點。

檢驗結果，頭部有三處被鈍器毆打的痕跡，其中兩處的傷痕極深。胸部及腹部也有多處的外傷，特別是在肚臍的斜右上方處，留著曾被強烈踢過的傷痕。

解剖的結果，肝臟有五處破裂、胸部和腹部等的內出血合計為八百ＣＣ。死因則是被繩子勒住脖子導致窒息身亡。法醫說，就算不勒斃，光是內出血也會導致死亡。處女膜有顯著的新裂痕。胃裡完全沒有任何食物。被切斷的手指頭僅用鐵絲綁住止血而已，無任何治療跡象。推測死亡已經過了八至十天。

以上是曉燕的死亡紀錄，同時也是我的心的死亡紀錄。

和曉燕身上的傷口一樣，我的心也被刀子切割著。

和曉燕的傷痕的深度一樣，我的胸口深處也被刀子插著。

我知道她曾經好痛，我也好痛，好痛……

為何歹徒會做出如此慘無人道的事呢？素未謀面、更無恩怨的歹徒，為何如此對待一個孩子呢？為了錢？人就會變得如此殘暴嗎？

過著地獄般煎熬的十五個日子裡，留給我的是永遠的傷痛。

今夜我當然無法闔眼，一閉眼睛眼前盡是曉燕可憐的樣子，那變形的頭顱、那不見的眼球、那全身的瘀青、那腫脹的斷指、那八百ＣＣ的瘀血，天啊！我不知道曉燕怎麼承受過來，我無法想像是什麼樣的心腸可以做出那麼殘忍的事，相信這樣的畫面將會一輩子伴隨著我，直到我老死。

終於理解為何法醫、法警勸阻我不要進入解剖室，我悲從中來，放聲大哭，不知哭了多久，我只知道眼睛好痛，心更痛，我不知該將我的痛告訴何人，我到佛堂向菩薩哭訴，拿起佛經卻一句也念不下去，回到書房拿起筆來，把我的心情寫下來，這封信不知該寄給曉燕，還是給我自己。

曉燕：一場飛來橫禍，讓我們天倫夢斷。殘忍的獵人，設下天羅地網；稚嫩的羽翼竟被活生生地折斷。在那不見天日的牢籠裡，妳忍受著我無法想像的痛苦。毫無招架之力的妳，獨自在黑夜飲泣、啃噬著恐懼，任憑他們把慘無人道的暴行加諸在妳身上。椎心刺骨的斷指之痛、鐵絲繞指之苦，惡人把我們母女倆折磨到形銷骨立，使我懣心怨懟。

取款計畫失敗，惡徒把怒氣發洩在妳已虛弱不堪的身軀，施以最狠毒的拳打腳踢，終至把妳凌虐到死，就這樣挨到生命結束。妳睜大雙眼想把這殘忍的世界看個清楚，奈何已力不從心。歹徒在妳的身上綁了幾個巨大槴頭，丟進惡臭的大排水溝，那沉重的大槴頭把妳拉入了深不見底的地獄……曉燕！妳一定好冷好冷、妳一定好恨好恨，在妳不肯闔上的雙眼，卻仍有一絲期待，期待著再見媽媽一面，對媽媽有著太多太多的懸念。

現在再也沒有人可以傷害妳了。

媽媽用溫柔的雙手，洗淨妳身上的污穢；
媽媽用熟悉的聲音，安撫妳疼痛不堪的傷口；
媽媽悲傷的眼淚，讓妳依依不捨地留戀人間；
媽媽哀痛的歌聲，成為陪伴妳長眠的安魂曲。
希望媽媽的愛，把妳從怨恨的深淵救贖出來，
如今妳我天人永隔，希望妳能化成縷縷芳香，圍繞在我身旁，
那不捨離去的一縷芳魂，是放不下媽媽孤單一人，
倘若聽到窗外燕子低聲的呢喃，是否對媽媽最深切的呼喚！
妳那短暫的綻放，是我心中永遠的遺憾。
望著妳的照片，心頭陣陣的抽痛，
我知道，黃泉路上不只孤寂，還有更多的委屈。
痛在兒身，疼在娘心。燕兒！入夢來吧！

之後，在法庭上聽到歹徒的證詞，第一次要切斷小指時，刀子太鈍切不下去，就拿一塊磚頭往刀背敲下去才應聲而斷。又聽到他們描述因為拿不到錢，就把氣出在妳身上，還詳述如何虐打妳的過程——白曉燕被綁在椅子上，被我們一腳踹的連人帶椅子翻下地，就聽到頭著地「叩」的一聲，然後把她抓起來繼續再打。

媽媽好想衝上去打他！可是我只是在那裡不斷哭泣，我恨自己怎麼那麼沒用！

五月三日，星期六——走上街頭前夕

於大眾走上街頭追悼曉燕，訴求加強保護兒童安全前夕。

凝望著妳天真的臉龐，眼角還殘留著淚光，
我會一直守在妳身旁，直到黎明趕走黑暗。
其實我並不那麼堅強，面對挫折也無助沮喪，
心疼妳以沉痛的苦難，提升社會善的力量，
其實我們並不孤單，好多人都是那麼善良。

五月四日，星期日——全民悼曉燕

首次與政治無關的臺北街頭運動，民眾攜老扶幼全家出動，強烈要求改善治安的五萬人大遊行。

所有的媽媽們強烈要求政府重視兒童安全，那些憂心忡忡的媽媽們，除了痛心我的遭遇，更期盼因為曉燕的犧牲，讓全天下的孩子不再恐懼、全天下的媽媽不再哭泣！

民眾情緒激動，震撼人心的口號喊得震天響，府內的高層若不耳背，應該都聽到了吧！

五月十日，星期六—曉燕出殯前夕

妳將要離開的時候，媽媽的心如刀割，像秋葉片片凋落，孤寂不斷的襲擊著我。

數過多少個落淚的日子，我已淚乾憔悴、心力枯竭、萬念俱灰，

媽媽的心四分五裂，如刀割的心房，可有一瓣完整無傷？

願妳的如煙飛逝，能使世人覺悟；

願我的痛徹心扉，能使天下的媽媽不再孤獨。

五月十一日，星期日——燕兒，永別了

曉燕的出殯日，我在她變形的臉龐上，貼上她生前最喜歡的照片。和我相依為命十七年的女兒，今天就要離開了！心中萬般不捨，我祈求老天爺幫助她去一個沒有恐懼、沒有痛苦的地方。而我必須扮演一個她心目中勇敢的媽媽，不能讓她看到我的眼淚，我想這輩子我將帶著滿滿歉疚與自責活下去。

希望妳的離去能帶走一切災難，即使只有短短的十七歲，短得來不及認識這個世界、來不及記得許多愛妳的人的臉龐。

曉燕啊！妳在天上，看得比較遠也比較寬，可要好好的看顧所有的孩子們，別讓他們害怕、驚嚇！希望妳在天上能給媽媽力量！

媽媽用一首歌《燕仔，妳是飛去哪兒》[9]為妳送別。

彼呢闊的天甲地，看無阮燕仔塊飛，別人移巢飛作夥，妳那不乎媽媽隨，燕仔燕仔妳是飛去叨？妳那通乎媽媽找！風是媽媽交代的話，雨是寄乎妳的批。彼呢暗的土腳底，想到阮燕仔塊飛，拜託好心借伊過，伊都少年還少歲，燕仔燕仔妳若飛

9 這首歌由名詞曲創作人鄭進一及編曲大師陳玉立共同創作，白冰冰以這首歌的版稅成立了白曉燕文教基金會。

去叨？心甲媽媽黏作伙，燕仔是媽媽的心肝寶貝，是媽媽身軀的血！

當靈車送走妳的那一刻，伴隨著眾人的哭聲，更意識到今後我將獨自啃啄孤獨的命運。我乾嚎著，我已無淚、無望、無夢！

終於找到一個最好的安息處所，謝謝墓園的負責人曹德華女士及員工的協助、曉燕的三舅為不幸的燕兒精心建造墓園。

這些日子，眾多的親友，為曉燕守靈的、處理後事的、太多的感謝無以為報。告別式裡，有惟覺法師的祈福、有佛光山星雲法師暨佛光會弟子們的幫助、有慈濟功德會證嚴法師及師兄姊們的協助、有劉家昌導演、鄭進一先生、陳玉立先生的歌曲佈施，有曉燕母校醒吾中學師生的悼念。謝謝吳東亮、吳東昇兩兄弟的傾囊相助、謝謝楊登魁先生、陳維祥先生、許安進先生、黃璽文先生、何麗玲女士、蔡賢女士及八大電視臺的全力支援，更有好多認識及不認識的人來探望我們。

燕兒！我們母女倆人承受了太多的痛，更接受了太多的幫助與關懷，我們無以為報啊！

治安小天使

五月十八日，再一次大規模遊行，逼使政府拿出改革魄力。結果，政府做了一些修正，過程中好幾位政務官因此下臺。對他們我深感抱歉。對所有參與遊行的民眾，你們對治安的望治心切，以及對冰冰母女的恩典，冰冰永難忘懷。

八月十九日，大約有五百名警方，與在逃嫌犯在臺北市龍江路展開了激烈的槍戰。歷時約三個小時的槍戰中，警員曹立民因公殉職，留下了未婚妻與遺腹子，給了我很大的打擊！為了要逮捕歹徒，失去了另一條寶貴的生命，員警的家人此刻也一定和我一樣悲傷。

因為曉燕事件，我認識了很多基層警察，當時他們的安全配備無論是防彈衣、槍枝或無線電都比歹徒落後，記得當時無論是攻堅還是交通站崗，沒有人願意穿厚重僵硬的防彈衣。我努力呼籲警政單位，在大家的爭取之下，警察的配備完善了，當深夜我看到交通警察執行酒測臨檢，看著他們身上包著軟軟的防彈衣時，心中感慨萬千。

除了加強打擊罪犯需要的裝備外，我更鼓勵認識的基層警員考警大專修班，因為沒有就讀警察大學將永遠沒有升遷之路。知道他們若是因為進修，可能會影響勤務執行，當然考績若無法保持甲等，薪水可能會減少一兩萬。為了讓他們安心研修，我自掏腰包幫了好幾位警員，在讀書期間每人補貼兩萬元，不負所望有三位考上了警大專修班，結業之後升上了警官，已分發到各單位去。回想起來，過去的每一步路雖然走得艱辛，但在坎坷的路程中卻能隨心喜樂栽種。我也期許自己的人生旅程，雖然有如唐三藏取經一般，歷盡風霜，到了恆河沙，會有群魔亂舞、妖魔鬼怪侵襲，但只要堅定信心、站穩腳步，彼岸就在眼前！

為感謝所有辛勤警察所推出的謝謝你們專輯 MV 拍攝。

以曉燕之名投身公益

六月二十三日，于曉燕生日有感

妊娠紋

幽幽邈邈的律動，繫著蜷蜷曲曲的妳
彎彎曲曲的臍帶，孕育嬌嬌嫩嫩的妳
甜甜蜜蜜的睡著，墊著塌塌縐縐的床
這是妳來卻也回不去的地方

化悲傷為大愛，以曉燕之名為社會貢獻一己之力。

我認為治安的惡化，與每一個人都脫離不了關係。如果曉燕的死，能為病入膏肓的社會治安開了張診斷證明書，那麼也該是尋找特效藥的時候了吧！那就是充實站在治安第一線的警力。

在搜索曉燕的過程中，我把警方的優點和缺點都看得很透徹。最主要的缺點，就是警方內部制度不完整以及關於犯罪的各種問題研究不足。員警的配備不夠先進，常有歹徒犯罪使用的槍械比員警擁有的更精良。在我看來最快的解決之道，就是盼望警方多研究一些關於犯罪的各種問題以及充實警員的裝備、精進警員素質及搜證能力。

因此一九九八年七月六日，我成立了「白曉燕文教基金會」透過基金會結合社會大眾的正義力量，做更多對社會有意義的事。白曉燕基金會成立了員警子女獎助學金來支持員警、鼓勵員警，為全民造福。白曉燕文教基金會的志業，我想就是曉燕留給我的人生課題。曉燕已從這世上消失了，不論接下來的日子有多艱辛，我都必須努力生存下去。

我主張鋼刀雖利，不斬無罪之人；不施霹靂手段，難顯菩薩心腸。菩薩也是慈悲攝受、威力折服，對小錯之人可包容但必須糾正，對壞事做絕視別人生命為螻蟻的人，當然需要嚴懲！

不幸的，二〇一二年一月，兩名就讀日本東京草苑日本語學校的女學生在宿舍遇害身亡，喪子的椎心之痛我非常能感受，無冤無仇的歹徒毫無人性的狠心痛下毒手，無辜受害的兩個孩子死前多麼恐懼、多麼痛；死後還要遭受社會胡亂揣測，他們的苦我都知道。我曾以淚洗面、萬念俱灰，要放下談何容易。因此我以基金會的名義寫信慰問兩位可憐的母親，希望能撫慰她們的心。

左圖｜曉燕是個活潑善良愛美的女孩兒。

我走過很多坎坷路，多年來不管多窮、多苦我都不曾抱怨過；不管碰到什麼樣的境遇我都勇敢的接受。我一直以為不能認命，應該用雙手運作自己的命才對。然而從不認命的我，卻無法擺脫命運的捉弄。

我的遭遇不希望任何人再遭受，因此在紀念曉燕的墓誌銘我刻上「曉曦浮海復明人間光景、燕子歸山喚得天下太平」這兩行字闡明了我的心意，成立白曉燕文教基金會、嘉惠社會、福利功德，用曉燕的名字延續她的慧命。你活不夠的，媽媽會加倍勇敢活下來，有一天媽媽走了，曉燕妳會永遠留在世界上。

整理遺物

今晚整理好心情，鼓起勇氣去曉燕房間整理她的遺物，看到她的每一件衣服，令我想起我們常常駐足街頭，看著她對著櫥窗裡的漂亮衣服投射期盼的眼神，我就苦口婆心的勸告她要節儉、不要浪費，明知道她很喜歡還是狠心把她拉走，如今想來，悔不當初。若知如此，當時我就不違背她的心意。學校非常體貼的把曉燕上課使用的桌椅送給我，我摸遍了每一寸曉燕使用過的地方，我拿出她的作文，裡面有

一篇《我的母親》。內容寫到媽媽辛苦工作把她養大，她將來想讀政大傳播系，第一志願是想擔任電視臺的主播。又寫到媽媽的信仰是觀音VS.關公，收集郵票VS.鈔票。看到這裡我才瞭解，難怪學校師生都說她是一個非常溫暖及幽默的人。

回顧我的小時候家裡孩子太多，媽媽也不懂愛的教育，天天讓我吃竹筍炒肉絲（挨打）。但是在打罵中也讓我學到忍耐的最高境界，也因為如此，身為公眾人物，近年來偶爾受到無端攻擊，我都能淡定的忍下來。現在雖然偶爾會談到過去媽媽對我的種種，但我對媽媽並沒有不滿，九十二歲的她，已經沒有自理能力，我每天像照顧小孩一樣的照護她，反而對她心生憐惜。

寫到這裡突然想到，曉燕也被我打過一次。其實我一向對曉燕的學業成績不太苛求，只希望她活潑健康、品行優良、乖巧聽話。正因為我不要求她的成績，直到她讀國中二年級時，理化考五十八分、數學考五十九分我才開始緊張了。我和老師談，老師說這個孩子不笨，就是上課不專心、愛說話、愛發呆，其他方面的表現則是非常好。

於是，我告訴曉燕：「書是為自己讀的，媽媽不要求妳成績，但妳自己要自愛啊！請妳努力看看，下次考好一點，只要進步十分就好。」她隨口答應了，不過等到成績出來時，還是一樣糟糕。我忍住不生氣，再給她一次機會，她卻又讓我失望了，她總是漫不經心。

我平心靜氣和她約法三章，一定要她考到七十分，否則差一分就打一下手心。我還和她簽約，把合約書貼在牆上，打手心的棍子也先買好了。結果，她還是不當一回事，反而更退步了，只考了五十分。

我認為承諾是很重要的，一定要處罰她。我請她把雙手伸出來，她還不相信我會打她，還說：「不要太用力，打個意思就好，妳只有我這個女兒喔！」我用力打下去，她就哭了，喊到：「媽！會痛耶！」我說：「當然會痛，妳沒挨打過，不知道被處罰的滋味，我們一定要遵守諾言！」我狠心的再打下去，打了十下，實在打不下去了。但是我不能違背約束，我板著臉足足打了她二十下，她嚎啕大哭跑走，我也躲到房間大哭一場，痛在兒身，疼在娘心，真是捨不得啊！

當晚我特別買了她最喜歡吃的蘋果，走進曉燕房間她已睡著，眼角掛著眼淚，鼻頭哭得紅通通的，挨打的手心紅腫腫的，我把蘋果放在她手中，紅紅的蘋果、紅紅的手，越看越捨不得，我哭著衝出房間覺得好後悔！

沒想到，次月的考試她竟然進步了，以後大都考到八十分以上。但她挨打的那一幕，時常出現在我心海中，不知她是否也牢記。

再看到相簿裡面許多珍貴的照片，從她呱呱落地到荳蔻年華的十七歲離開為止，每個階段的成長照片：有撒嬌讓媽媽揹著、有可愛的黃毛小丫頭、也有刻意裝扮的沙龍照，我的情緒也跟著每一張照片起伏，最後當眼淚如流水般潰堤時，珍貴的照片上面也被淚水打濕了。

深夜抱頭痛哭之後，我安慰自己，許多人因為白曉燕而起了更大的慈悲心，白曉燕燃起了追求生命權的火種，社會大眾更加重視兒童安全，曉燕的犧牲是有價值的，只是人類基本惡源若不根治，猶如按球入水，這裡沒、那裡出。奈何乎！雖然曉燕不幸的離去卻為社會治安帶來一道曙光，不知這道光是否能永恆，我只知道刻劃在我心裡的那道傷痕，是永久無法痊癒的。只盼夢中再見一面，把她所有的表情刻在我心田，哪怕是幾輩子後的第一眼，我依然能夠認出她是我的曉燕。

溫暖的友情

曉燕事件一個月後，家門口已經完全沒有任何媒體及圍觀的民眾。有一天深夜，

費玉清打電話給我說：「冰冰，妳還好嗎？」當時的我還沉浸在失去曉燕的悲傷情緒中，很難去表達我的心情到底好不好。他問我：「我要去妳家，妳方便嗎？」我說：「當然好啊！我現在心情正難過著，很希望有人可以陪我說說話。」他馬上說：「好啊！那妳就開門吧！」原來他已經在門口了，讓我換衣服都來不及，穿著睡衣出來接待他，善良又低調的費玉清翩然出現。

從那天開始，費玉清每天晚上都來我家陪我說話，直到天微亮了才離去，就這樣持續了一個月，直到他看我心情稍微平復之後，他才放心的去忙自己的工作，我們家人都覺得好感動。

因為他來我家的時間都不固定，所以有一次他來按門鈴，我還來不及把家裡的狗狗「小乖」拴好，結果門一開狗就跑出去了，我們立刻追了出去，我們一邊追著狗一邊叫牠的名字，沒想到牠卻頭也不回的越跑越快，一下子就跑遠了。我和費玉清在我家附近找了許久，還是不見狗狗的蹤影，只好先回到我家，我們開始研究狗狗的心理，為什麼狗狗看到主人在後面追的時候，牠卻越跑越遠？但等主人停下腳步，牠卻又回頭看看主人，當我們又繼續追的時候，牠就越跑越快越遠，牠可能認為主人在跟牠玩。後來我們就想，如果當時我們只站在原地叫著狗狗的名字，也許牠就乖乖的回來了呢！

整個晚上我們一直擔心著，萬一小乖沒回來怎麼辦？牠其實有時候也會自己跑出去，但沒多久自己會再跑回來，從沒像這次一整晚都沒回家，讓我有點擔心，所以每隔一小時就去圍牆外看看狗狗是否回來了，就這樣一直等到清晨。直到早上八點多，家人告訴我小乖回來了，因為在監視器看到牠在家門口徘徊，我趕快出去開門讓小乖進來，結果小乖玩得全身髒兮兮的，我指責牠：「怎麼可以亂跑！以後再亂跑，有客人來就要把你關進去籠子裡。」但小乖卻是一臉似懂非懂的樣子，還一直開心的對我搖尾巴，完全不知道自己做錯事，讓我真是好氣又好笑。

大事不妙！小乖懷孕了！

有一天，當我工作結束回到家，家人告訴我小乖一整天都沒吃飯，我擔心小乖是否生病了，去看牠時，發現牠正努力的在生小狗，我緊張的一邊打給獸醫，一邊請家人幫忙注意小乖的情況。後來小乖順利生下八隻非常健康的小狗，家裡忽然多了那麼多隻狗狗讓我一時手足無措，趕緊打給費玉清請他來家裡一趟。等他來家裡，我趕忙把他帶去看小乖，跟他說：「你看，都是你，現在生了那麼多隻小狗怎麼辦？」沒想到費玉清幽默的說：「關我什麼事，又不是我播的種，難道要我負責喔？」讓我們全家人啼笑皆非！

後來大家討論，最後決定我自己留兩隻小狗，再送朋友一隻，剩下的五隻只好都送到認識的獸醫院那裡，請他們幫忙找願意收養的好人家。很幸運的五隻狗寶貝都順利被領養，而且領養人都還給獸醫師紅包，獸醫師也大方的送給我很多狗飼料，讓我把小乖跟兩隻狗寶貝都養得頭好壯壯！

小乖其實是費玉清從外面撿回來的流浪狗，因為他家已經養了吉娃娃，若帶陌生的狗狗回家，怕體型小的吉娃娃會害怕，只好把小乖帶來給我養。我曾向費玉清抱怨，他養的就是名犬，我養的就是流浪狗，他說：「冰冰姊，妳有階級觀念喔！」呵呵！他就是這麼可愛的人！

艱困的人生歷練登上螢幕

與曉燕相依為命的最後那幾年，也正是我演藝事業最夯的時候，同時軋了五部戲，加上主持節目、唱片宣傳，創下十二天沒睡覺的紀錄。其實這樣的狀態對作品是傷害的，因為精神狀況不佳整個人是錯亂的，所有的工作在腦子裡互相交錯，拍戲時甚至可以睜開著眼睛睡著，但我還是勉勵自己「上坡路是難走的」，我一步一步很艱困的爬上來，所以再怎麼累我都珍惜每一個得來不易的機會。演藝圈生態是很現實的，當你紅的時候大家搶著要你，但不紅的時候即使你跪求人家，人家也不見得要用你！

我努力的過程讓臺灣知名出版社注意到，因此為我出了一本《菅芒花的春天》，希望能藉由我坎坷的人生經驗來勉勵所有遭逢困境的人。這本書細述我的前半生，我以「菅芒花」比喻自己，因為它耐熱、耐寒、耐旱、耐潮；種子隨風飄散，堅強的開了滿山遍野，它或許不美但生命力強！菅芒花也成了我的代名詞，很多人看了書都對我更加肯定，也成為當年受各界引用的正能量勵志書。

但曉燕離開後我停止所有的工作，整個人就像跌入了地獄深淵，每天沉浸在思念曉燕的哀傷裡，洗臉時常常無意識的看著鏡子中的自己，水潑在臉上卻分不出從臉上滑落的到底是水珠還是淚珠，每日以淚洗面，覺得人生再也無意義！

臺灣戒嚴時期只有三家無線電視臺，解嚴之後又增加了「民視」[10]，新電視臺要開播，希望能翻拍《菅芒花的春天》成為他們的開臺大戲，民視總經理幾度專程到我家洽談，希望我能授權並親自出演戲中我自己的角色，但正處於喪女之痛的我，已無心力再去從事任何演藝工作，所以堅決婉拒了邀約。因此民視找了別的演員飾演我，但他們希望我能在每一集的片尾錄一段「冰冰的話」，讓關心我的社會大眾每天都能看到我。我也感恩大眾在曉燕事件發生時，對我們母女所做的一切，這是我回饋社會的時候了。

故作堅強的我，每天分享我的心情點滴，或以正能量的座右銘與觀眾互相勉勵，結果播出之後相當受到歡迎，好多人寫信來與我分享他們的心情、他們對曉燕的心疼、對我堅強意志力的敬佩等等。其實當時的我並不是那麼堅強，只是努力隱藏憂

捐贈《白冰冰講好話》的版稅。

10 民間全民電視公司簡稱民視，一九九六年成立，為臺灣第四家開播的無線電視臺，也是國內第一家純民間資本的無線電視臺。

傷，只因為我不能讓當時還逍遙法外的歹徒看到我的懦弱，所以我必須振作起來，為曉燕討回公道，為社會正本清源！

這部戲受到廣大觀眾的喜愛，奠定了往後民視穩坐八點檔龍頭的寶座。我將這部戲收來的版稅以民視全民電視公司的名義，全數捐贈給白曉燕文教基金會，這是回顧慘痛經驗淚水裡，唯一的一點光芒。

努力練跑完成任務

一九九八年的冬季奧運會在日本長野縣舉行，主辦方來找我，希望我能代表臺灣到日本參加奧運傳遞聖火的任務。

第一次收到這樣的邀請讓我有些驚訝，因為一般能夠參與此項活動的應該都是各路好手或運動健將，以我的身材跟體力根本完全沒想過能有參與奧運的一天。但主辦單位告訴我，他們看到我在遭遇如此重大巨變後的堅毅表現，化悲傷為力量正是奧運所追求的精神；永不放棄就是發揚奧運精神的最佳典範。

讓我汗顏的是，現在正是我想放棄一切的時候。經歷了那麼多苦難，我的人生、我的事業再也沒有意義了。當晚我深深思考，代表臺灣參與奧運傳遞聖火活動，莫非這是上天賜給我重新振作起來的機會？對我來說可能也是最好的心理輔導，所以我決定答應主辦單位的邀請。

這段期間我勤於鍛鍊體力，每天接受臺灣著名運動員紀政[11]的訓練，練習跑步及肺活量。正式接受中華奧運會授旗後，我分別參與了高雄及臺北的路跑活動做為暖身，在臺北場，我在大家的鼓勵之下順利跑完三公里的路程，這讓我更有信心了！

一九九八年二月奧運聖火傳遞活動正式舉行，從沒長跑過的我，在寒冷又下著雪的長野縣開跑。右手高舉著聖火，還得小心謹慎不讓煤油滴下來，否則滴到衣服燒起來就不妙了。小小的個子，參與在一群大個子運動員中，不服輸的臉上掛著堅毅的微笑，身心俱疲的我體力實在不支，靠著一邊跑一邊默念曉燕的名字，才順利完成了聖火傳遞的工作。

11 紀政，田徑運動員，爆發力強，專長於短跑、跨欄、跳高、跳遠等田徑運動。一九六八年在墨西哥奧運代表臺灣奪得田徑女子八十公尺跨欄銅牌，為亞洲女子第一位在國際田徑賽事短跑中獲獎的運動選手，更是代表臺灣女性運動員在奧運會上奪得的第一枚獎牌（繼楊傳廣在一九六〇年羅馬奧運獲得男子十項全能銀牌後，第二位獲得奧運獎牌的臺灣運動員。）。女子田徑一百公尺決賽更以十秒九八刷新亞洲女選手紀錄，至今無人能及，其爆發力堪稱亞洲第一。國際媒體稱她為「飛躍的羚羊」、「黃色的閃電」。

在長野縣傳遞奧運聖火。

冰冰姊的頑張哲學⑤為了下一次相聚，讓自己活得更好

佛說：百年修得同船渡，千年修得共枕眠；前生五百次的回眸，換今生一次的擦肩。所以今生的邂逅，一定蘊藏了前世太多甜蜜或痛苦的回憶。

我的曉燕和我存了多少的緣才能有幸在此生成為母女，雖然只有短短的十七年卻回饋彼此多少世的甜蜜回憶。曉燕雖已遠行但不論她在或不在「父母疼囝長流水，無時停」，我無時無刻不將她擁在心上至死不休。我相信是為了下次的相聚能再更久一點時間，抱著這份期待我要過得更好。

Chapter 6

給自己一個嶄新的人生

和曉燕要將生命加倍活得有意義的承諾
我一定要做到
我要化小愛為大愛
正所謂「大樹，會蔭影。」

重新出發

心情一直沉在谷底的我，差點錯失了好作品。

民視要籌拍新的八點檔大戲《春天後母心》，製作人告訴我劇情非常精彩，劇中女主角的遭遇更是一種演技的挑戰，而我是全民最心疼的母親，希望我能主演這部戲。我告訴他，自從曉燕走了之後我就決定要離開演藝圈，因為過去忙於事業，我的內心深處對曉燕一直有一份愧疚，曾經三餐不繼的母女，就是因為想讓家人生活更有保障，才會日以繼夜努力工作，沒想到卻因成就而害死了曉燕，在她最苦難時又被干擾到無法救援。

最可恨的是，曉燕走得已經夠可憐了，我也無時無刻都在自責，坊間卻有人惡意散播污蔑及譭謗我的消息，說我與歹徒是舊識，有生意往來，因為金錢因素而遭受報復等等不實消息。

已經萬分消沈的我，實在無力也無心去回應，沒想到謠言並沒有止于智者，我內心痛苦、難過，恨不得一頭撞死，我想著，造謠的人啊！白曉燕血漬未乾，你們怎麼忍心踩著被害人恣意的調侃，難道非得逼死我。唉！

但製作人還是誠懇表示，戲裡的角色非常適合我，他把劇本留下希望我有空時看一下，再好好考慮。但那時候的我根本無心工作，所以劇本就這樣一直被我擱置在角落。

從曉燕離開之後一直沒睡好的我，每天晚上不是待在佛堂為曉燕念經回向，就是在曉燕房間看著她的物品回想過去和曉燕相處的種種溫暖回憶，但往往都會哭到不能自已。

某天晚上我又因陷入思念曉燕的情緒中而無法入眠，為了讓自己轉移注意力，我隨手拿起被我放在角落已久的《春天後母心》劇本，看了幾頁之後，我被裡面的劇情所深深感動，越看越入戲。第二天馬上打電話給製作人告訴他：「我決定演了！」製作人聽到我答應演出非常高興，隔天立刻到我家跟我討論開拍日期及未來的宣傳方式。

開始復出工作，我在《春天後母心》中飾演一位堅強母親，為了生活帶著兩個孩子嫁入豪門成為人家的後母，之後卻面臨家道中落、丈夫失蹤，一肩扛起家中重擔，除了照顧自己的孩子之外，還有重病的婆婆、患有精神病的前妻以及前妻所生對我極盡刁難的兩個孩子。

尤其最讓我崩潰的一場戲，是劇中前妻的女兒失足落水，我為了營救前妻的小孩，卻讓自己的女兒落水淹死。在孩子被打撈上岸時，我抱著孩子的屍首哭得肝腸寸斷，這一刻讓我想到曉燕被救上來時的畫面，我聲嘶力竭的痛哭著，把過去所有的痛苦全部宣洩出來。唯一不同的是，劇中我抱著孩子痛哭，現實中曉燕卻是如此的可憐，讓我想抱也抱不到……

這部戲我從年輕演到老，編劇為了彌補我的遺憾，讓我在劇終時兒女成群、前妻的小孩也都改邪歸正。對一般人來說再平凡不過的天倫之樂，我卻只能藉由拍戲在戲裡才得以擁有、享受，透過戲裡的角色聽到大家一聲聲媽媽、奶奶，讓我每天都沉浸在這樣的溫馨氣氛當中。

但終究還是有曲終人散的時候。戲結束了，最後一幕我躺在棺材裡，閉著雙眼的祥和面容，聽著一句句劇中兒孫對我的不捨及感謝，那一刻我已真假不分以為自己真的走到了生命的盡頭，第一次覺得離死亡那麼近。而假兒孫們感動的言語也差點讓這位假死人流下眼淚，那一刻真的覺得好奧妙，心中想著，待這一天來臨時，我到底會帶著慈祥的笑容還是會流下最後一滴眼淚？

最後一幕拍完時全場爆出最熱烈掌聲，這完美的結束也代表著民視收視率的再

春天後母心劇中飾演白冰冰兒子的王識賢。

創新高。大家笑說我不僅演活人厲害演死人也好犀利，一陣爆笑聲中我也跟著大笑，但我記得我眼中是含淚的，這眼淚代表的是什麼？我至今也說不上來。

回到空蕩蕩的家、回到現實生活；回歸白冰冰這個身分，獨自面對每一個孤寂夜晚，啊……這夜晚……唉！

這段時間，我將心思都放在工作上，把自己所有時間都填得滿滿滿，藉由忙碌的工作讓心靈得到一些釋放。人前我把歡笑帶給大家，但其實我一點都不快樂，內心深處一直有個破洞，以前對人生有很多憧憬和願望，希望能給曉燕及家人安逸的生活，這甜蜜的負擔讓我更有動力奮鬥。但曉燕走了，我的人生沒有目標、沒有依靠，我不知道我為什麼而活，每當夜深人靜時，我總是反復問自己：「難道我這輩子就要這樣孤老一生嗎？」身邊的朋友也都為我擔心，開始有人建議我為什麼不考慮把曉燕生回來？一開始我很反感，因為對我來說曉燕曾經是我的全部，我所有的愛都只留給她一個人，她是獨一無二沒有任何人可以取代的，所以不管朋友如何勸我，我還是沒有接受。

但漸漸看著身邊的朋友兒女成群、家庭圓滿，一想到未來可能的孤老一生，我的信心動搖了。我開始四處詢問不孕症醫師，來自四面八方的推薦也不少，但礙於臺灣法令規定未婚女性不可做不孕症手術，好幾位醫術精良的醫生就算佛心來著也愛莫能助。蹉跎了一段時間之後我決定到美國去做，所以我又努力的去瞭解這方面的資訊，包含找美國合法的不孕症醫療中心、挑選優良的捐精者。最後透過友人介紹一對長期定居在洛杉磯的年輕夫妻，太太是博士，先生是做批發生意身高有將近一百八十公分，已育有一男一女，樣子都非常漂亮，根本就是優生學的最佳典範，我便開始編織起美夢。

把曉燕生回來

在進行試管嬰兒療程前，因為已經答應一位製作人要出演臺視八點檔《雨中鳥》，整部戲近三個月的拍攝期，拍攝完成後才正式進入調養身體階段，準備進行一連串的療程。

一九九九年，我開始忙著接洽醫院、訂機票、四處拜廟，先拜註生娘娘、再拜天上聖母、關聖帝君、觀世音菩薩、土地公，後來看到三太子，覺得祂好可愛，也向祂祈求。

一切事情都準備就緒之後，就搭飛機前往美國紐約。為了能順利取出卵子，醫師讓我吃多種的荷爾蒙藥物及注射大量的排卵針，由於當時的醫療科技沒有現在這麼發達，做一次試管嬰兒手術，排卵前需連續打十四天的排卵針總共要打一百六十八次（一天四次、一次打三針）。取出卵子之後，每天還要再打三次的黃體素也是連打十四天、一共四十二針，並且必須臥床少做劇烈動作。

每當要打這種針劑時，簡直是折磨、夢魘，大管的針筒、黃黃的針劑往皮膚裡扎，一般打針是刺破皮膚時痛，而這種針劑卻是打進去以後越打越痛，打下去的地方會鼓成一坨硬塊需要用力搓揉讓藥劑散開，那區塊下次才能再打。每當打完針後，自己用力的揉搓還是無法將之散開，眼看著其他療者都是由家人或丈夫陪伴、打氣及幫忙揉搓，心中感慨萬千。而每次為了打針都得往返醫院一趟，一天得往返醫院四趟，我心想何不鼓起勇氣自己來吧！

第一次要將針頭刺進自己屁股的時候心裡好害怕，為了完成使命我咬牙做到了，只是當針刺進屁股以後必須有一隻手固定另一隻手推進針筒，現在想來簡直就是做瑜珈的高難度姿勢。當時我嘗試用左手固定右邊屁股的針筒但卻轉不過來，時隔十八年，我的腰已經沒有這麼軟Q了！一次的療程下來，再加上其他的補充針劑，扣掉之前已在醫院打的，我自己總共打了一百三十多針。

獨自面對手術

話說回來，打完十四天的排卵針後，接著就要進行取卵子手術。其實這項手術是有風險的，因為必須全身麻醉才能取卵子，所以醫院需要家人簽署手術同意書。醫生看到只有我自己一個人來很驚訝的問：「妳的丈夫呢？家人呢？怎麼只有妳一個人？」聽到醫生關心的詢問讓我忽然心頭一酸，不自覺的落下眼淚，醫生被我的情緒嚇到，趕緊安慰我說：「不要哭，別難過！沒關係，妳自己簽，加油！加油！」

醫療團隊們對於我獨自一人到美國做試管嬰兒手術的勇氣都感到很佩服，雖然每個人都在自己工作崗位上忙碌所能夠表達的關心也有限，但我已經覺得很溫暖了。模模糊糊中睜開了眼睛，躺在病床上旁邊空無一人，麻藥剛退下腹部隱隱作痛，可見那手術的疼痛若是沒有麻醉的話一般人可能無法承受。

護士進來告訴我，取了十二顆卵子都很健康，都植入之後若是幸運的話搞不好還會生雙胞胎，霎時一股暖流湧上心頭！她告訴我卵子受精後會通知我去植入，但就在此時，另一位護士匆匆闖入急說到：「糟糕了！那位男士取精失敗還在努力中，妳是否願意過去幫他？」讓我冒出一身冷汗，我無法跟她坦白說那位男士只是我的朋友，他是來幫我的。就在緊張時刻，我突然冒出一句：「妳有告訴他只要一次嗎？因為我看他拿了一個杯子進去，若妳沒告訴他只要一次，他可能會裝滿才出來，那豈不是要等一年！」可愛的俏護士一聲驚呼轉頭跑走，三分鐘後馬上回來告知：「沒問題，成功了！」還向我眨眼睛。

渴望能再次擁有像曉燕一樣乖巧的孩子。

　　麻藥整個退掉大約需兩個鐘頭，一般都需要有人陪伴，因每個人體質不同，麻藥退後可能精神會恍惚、走路會跌倒。等確認我身體狀況沒問題之後，醫生關心我要如何回去酒店，我告訴他們：「沒問題，我可以自己處理。」美國跟臺灣不一樣，醫院門口沒有這麼多計程車等候，必須用預約的方式才能叫到車。我覺得身體狀況還好，所以決定用走路的方式回飯店。

孤寂的生日

我走了好長一段路之後，覺得下腹部越來越痛。我從來都沒有經驗也不知剛手術完是否能這樣糟蹋身體，眼看著飯店就在對面的山頭，但盤算一下可能至少還得再走四十分鐘，為避免身體過於勞累於是決定搭計程車。沒想到滿街的計程車都是滿載，偶然發現一輛空車用力不停地揮手還是沒有停下來，好後悔剛才沒有請醫院人員為我預約車輛，讓我走到精疲力盡。

當時已接近傍晚下班時間，經過一排商店時看到商店接連唰~唰的一一拉下鐵門，甚至還有珠寶店一拉下鐵門馬上就有保全拿著長槍站在門口警衛，讓我看了覺得非常害怕，因為在臺灣根本沒看過這樣的狀況，趕緊以最快的速度離開現場。匆忙走在路上還差點踢到人，原來在這個時間很多流浪漢也開始出來睡在街道上，我幾乎是要繞過流浪漢才過得去。

當我經過他們身邊，有人伸出瘦長烏黑的手對著我招手示意著「來~~」簡直把我給嚇壞了！好不容易看到一家還開著的商店，逃難似的趕緊走進去。一進去才發現原來是一間麵包店，店員親切的問我要麵包還是生日蛋糕？這時我才想起：「對吼！今天正是我的生日！」決定買一個蛋糕幫自己慶生，店員問我要多大尺寸的？我看了玻璃櫃裡各式各樣琳琅滿目的漂亮蛋糕，最後只挑了一個一人份的小小蜂蜜蛋糕，店員驚訝問我：「確定要這個嗎？這不是生日蛋糕耶！要不要買大一點的可以跟朋友一起慶祝？」我回答：「不用了，我是一個人從臺灣來的，在這裡沒有朋友，只能一個人吃。」店員還開玩笑的說：「哇！so lonely！那我陪妳一起慶生好了！」接著又問我：「妳需要蠟燭嗎？」我說：「好啊！」

買完蛋糕走出店外，手提著剛剛買給自己的生日蛋糕，一個人走在陌生的街道上、吸著陌生的空氣、看著陌生的人群，來到陌生的都市、陌生的國家，做著一件陌生的事。想著剛剛與麵包店店員的對話，雖然那是店員故意逗我的玩笑話，但其實我聽了心裡酸酸的，心裡想著：「今天是我生日，但我卻一個人來到人生地不熟的地方，為了再生一個孩子受那麼多的苦，結果身邊連一個可以陪伴跟安慰我的人都沒有，甚至剛剛還被流浪漢及拿著長槍警衛的恐怖畫面嚇到，我到底為什麼把自己搞成這樣？」一邊想著不禁紅了眼眶，如果不是那些壞蛋奪走了我的寶貝，我也不至於到這裡受這種苦！

唉……算了吧！這所有的一切不都是自己決定的嗎？如果受這些苦能讓我順利把曉燕生回來，讓我能再次重溫天倫之樂，那麼現在所受的苦都不算什麼，如果曉燕能重新回到我身邊，我一定會盡我最大的努力好好保護她，絕不會讓她再受到任何一點傷害！

隨著天色越來越暗，街上的人也越來越稀少，這時候我開始覺得害怕，還是決定叫車回酒店好了，但已離開蛋糕店一段距離了，不知為什麼又錯過請店家幫我叫車的機會。再走了一段路後終於看到有一家尚未關門的商店，走進去請他代為叫車及借用廁所，但沒有得到店家的幫忙，他只告訴我前面有一個公共電話亭，我發現身上沒有零錢，拿一百元美金與他換零錢，那個店員差點傻眼，眼看就要被拒絕，我告訴他我身體很不舒服請他一定要幫忙。看著他慢吞吞的用與東方人不同的找錢方式，數到一百之後終於拿到零錢打電話，打通車行電話之後對方問我上車地址，但我根本不知道路名，只好請對方稍等，跑到有門牌的地方記好位置後再跑回電話亭，對方已掛斷電話，徒勞無功！沮喪之餘決定還是走回飯店好了！就這樣又走了好長一大段路才終於回到飯店。啊！出國才知道臺灣的便利與美好。

飯店人員看到我臉色慘白、氣喘吁吁的樣子，上前關心的詢問：「妳還好嗎？」我回答：「沒事，謝謝你。」回到房間，我累到喝下一大壺的水。休息一下之後就把剛剛買的蜂蜜蛋糕拿出來點上一根蠟燭，眼看著被火融化的蠟燭一點一滴的落在蛋糕上，看來就像蠟燭在流著眼淚，我無法形容自己當時的心情。第一次一個人在國外過生日，口中唱著"Happy birthday to me"但心中卻是萬般的委屈與unhappy。挖了一口蛋糕，蛋糕吃在嘴裡甜甜的但心裡卻是酸酸的。我的四十四歲生日就在這樣難過又複雜的情緒中度過……當晚我崩潰痛哭了！

期待再次為人母

醫院傳來卵子順利受胎的好消息，醫護人員告訴我胚胎非常完美，未來應該是個可愛健壯的小baby，通知我準備要植入母體的時間。

整個手術過程最難受的不是身體的痛楚，而是無論取卵子或植入都得內診，那過程才是令人最難以適應的。

繼續乖乖的在飯店躺了十四天。這期間我什麼地方都不去、什麼事都不做，就只是躺著，偶爾起床上廁所時，都深怕一不小心把植入的胚胎流出去，躺在床上時也小心翼翼的將枕頭拿來墊在臀部，希望讓胚胎能夠更穩定的著床，甚至吃飯都是叫room service，請服務人員將餐點擺在我的枕頭邊，那呵護的情景就像是慈禧老佛爺一般。一輩子第一次無所事事的躺在床上十四天，對平常忙碌的我來說簡直度日如年，偶爾打開電視來看，看到驚悚的節目趕快轉臺，深怕影響腹中胚胎；看到好笑的也憋著氣不敢笑，深怕給腹部壓力，忍著無奈與無聊腦中編織著美夢，摸著脹脹的肚皮，我美好的未來，那就是我甜蜜的依靠！

十四天過去了，懷著忐忑的心情看著微微隆起的肚皮，我好有信心，覺得我真的成功了，但還是要經過醫生的認證。等待的時刻最折磨，終於看到醫生帶著笑容走出來，我迫不及待的問他「Yes！」他帶著笑容告訴我「No！」那當下我不可置信的張大嘴巴，我不相信！明明肚子脹起來了，醫生說：「那是假性懷孕，很抱歉！並沒有成功。」並說了一些安慰我的話，我的腦中嗡嗡作響，帶著僵硬的笑容，忍著即將蹦出的眼淚，他說了什麼我完全沒有聽進去匆忙離開醫院。回到酒店，賭氣似的收拾行李，沒有訂機位就往機場跑，只想趕快回家，我歸心似箭、黯然憂傷！

天搖地動的台灣

回到臺灣之後再接再厲，找臺灣最優秀的醫師為我做不孕症治療，為了符合臺灣的法律，用了一切可能的辦法讓手術順利進行，臺灣的醫師手術之精良也絕不在話下。當時與我同期做試管嬰兒的演藝明星就有張瓊姿及金佩珊，我們三個人還互相鼓勵支持，看著張瓊姿及金佩珊都雙雙獲得成功受孕之喜，我簡直高興極了，覺得這次真的萬無一失！

誰知道老天爺就是愛跟我開玩笑，當我正在做十四天的臥床休養的第十天當晚，天搖地動，這是我一輩子沒有經歷過的最大地震。南投震度七點三級、中部六級、新北市五級，房子像搖籃一樣左右上下劇烈擺動，整個漆黑一片，能跑的都全部往外衝，僅留我一人無奈的躺在床上，那個驚嚇真不是任何孕婦可以承受的。

屋外人聲吵雜，撐到天亮之後才有消息傳來，全臺灣災情慘重，尤其臺北市東星大樓倒塌以及南投地區的道路、學校完全被翻起損壞，死傷慘重受創最鉅！全臺灣還大停電。

當我躺在家裡待孕期間，並沒有讓任何人知道我正在接受不孕症手術，當時還健在的演藝圈大姐文英阿姨打電話給我：「冰冰啊！妳在做什麼？」我說：「我在家裡。」她說：「這時候妳還待在家？趕快出來吧！所有的演藝人員都出來為災區募款及做義工了，妳是最熱心的冰冰姊怎麼能缺席呢？趕快出來一起募款吧！」

當時由八大電視臺主辦做了募款活動以及前進災區的一些義行，我也義不容辭的前往災區負責撫慰受災戶並在臺北做了好幾場募款活動，當時也就像假性懷孕，穿著長褲或裙子的鉤子根本勾不起來好像真的大肚子，很多人看到我都告訴我：「冰冰姊，妳胖了，妳是吃了什麼怎麼會胖了？」那一陣忙碌過後，趕緊到醫院探知結果，結果得到的答案當然是"NO"唉！到底是我自己著床不容易還是那幾天的奔波讓我無法著床，現在探討也沒有意義了……

不放棄希望

第二次的失敗我心甘情願，因為我認為我做了有意義的事，九二一大地震中這麼多人失去生命，我個人的事又算什麼呢！

之後第三次的失敗，我也只能瀟灑的笑一笑，兩手一攤，還是得無奈的接受，醫護人員對我非常的感佩，認為我真是一個豁達開朗的人。但到了第四次、第五次，壓力漸漸來了，記得到了第六次失敗的時候我忍不住崩潰大哭，我不相信老天爺真的會這樣對我，我已經打針打到沒地方可打了，因為黃體素、荷爾蒙的關係，每做一次療程我都會胖好幾公斤，所以當失敗的時候必須再瘦回去，因此那幾年我根本像在地獄裡一樣，整天帶著希望又失望，再一次希望又再一次失望，打針打胖了，再瘦回去；又胖了，又再瘦回去，最後打針打到肚皮上、雙腿上，任何可扎針的地方都是針孔累累，我已找不到地方可以打針了。心中想著，打針那麼痛苦，那些吸毒的人怎麼忍受打針打到皮膚潰爛呢！

我最後能打針的地方，只剩下肚皮了，每次拿針往我肚子上扎下去時，我都感覺像在切腹自殺似的，身體與心理能承受的壓力已到了臨界點。

第七次失敗、第八次再失敗，我已經灰心喪志了，認為這輩子我大概不行了，反而是醫護人員不斷給我加油：「冰冰姊，加油，加油！妳人那麼好身體也很健康，妳一定可以的，老天爺欠妳的，一定會還給妳！」口中謝謝他們，但心裡想著，老天爺根本就沒有看到我，我也常對天長歎：「天啊！若真有神靈，我不致如此，若無神靈，我拜祢何用？祢眼中的我，到底是什麼樣的我？讓我從小生長在困頓家庭，食指浩繁，缺衣缺食，受盡家暴！從未曾編織過少女的夢就已歷盡滄桑，受盡世間苦難，傷痕累累。」

一切的辛苦都只為了能再次成為母親。

儘管再多的埋怨，我還是繼續倔強的做著我想做的事，甚至還安慰自己，一定是老天爺想用我，所以讓我歷經種種困難，用苦難訓練我的意志、用悲傷鍛鍊我的勇氣。自我調適之後，擦乾眼淚繼續努力，我也曾找了一些迷信的方法，像是拿白花換紅花或是拿紅花換白花，也有人教我用豬肚燉雞蛋，豬肚代表讓我的肚子更堅強，雞蛋表示我會生個男生。結果從來沒煮過豬肚的我，只懂得把豬肚外表洗乾淨，不知道還得把豬肚剖開清洗裡面，結果煮熟的時候一翻開鍋蓋，整個臭氣沖天，原來豬肚裡面通通是大便，嚇死我了！從那次之後，害怕了十幾年都不敢再吃豬肚，直到有一次有人用不同的手法料理豬肚，讓我在不知情的情況下吃下去，吃了之後覺得味道還不錯，才因此解除心防。

接下來又是一連串辛苦的歷程，這段辛苦的過程不管是我的心態、意志、勇氣及受盡折磨的身體，都可以去登記金氏世界紀錄了。從第七次、第八次醫護人員向我加油，第九次再失敗，大家覺得我太蹂躪身體了，勸我讓子宮休養半年再來，但我沒有聽進去，我深怕青春一去不回頭，一天一天蹉跎只怕更難成就。

差點失落的生命

記憶中最驚險的應該是第十次，我不信邪的認為我一定會成功，可能與醫師無緣、手氣不好，所以我換了醫生。新醫生在取卵子前問我：「妳會喝酒嗎？」因為心情沮喪的時候我會喝一點悶酒，在日本受到婚姻的磨難、委屈、痛苦的時候也曾經一個人狂哭的喝酒，所以我告訴醫生：「我喝酒！」結果因為那一句「我喝酒」就加重了我麻醉藥劑的劑量，以至於手術後該甦醒的時刻卻怎麼樣也叫不醒我。好不容易當我醒來時，我眼前是一群緊張、流冷汗的醫師跟護士驚嚇的臉孔，在我打開眼睛的那一剎那，有人的汗還滴在我的臉上，叫不醒我把他們都嚇壞了，甚至還有人用力的打我耳光要把我打醒，那一次真的是驚險萬分！

在鬼門關一而再、再而三走過來之後，我只想告訴大家，要活過來有多麼不容易，真的！請珍惜每一刻你還活著的時候！

老天為我做了決定

第十一次、十二次，他們勸我算了！捨不得看我這麼辛苦，捨不得看我每一次失敗時故作堅強的笑容而眼睛是含著眼淚的。當我眼紅鼻酸的時候，都是醫護人員跟我說：「冰冰姊，真的不要了，算了！」然而這幾次的失敗卻已經激起了我的鬥志，換我跟他們說：「醫生、護士，不要說喪氣的話，請你們為我加油！」就這樣一而再、再而三的努力，直到第十五次，我的身體已經投降，完全取不到卵子，一顆也沒有了。我與醫護人員手拉手互相看著對方，誰也說不出一句話。我向他們鞠躬默默離開醫院，背後傳來一陣陣啜泣的聲音，低著頭的我默默地看著自己滴在地板上的眼淚！

其實我心裡對他們萬般的感激，面對著他們時卻什麼話也說不出口，今天在這裡我要向他們致意，雖然歷經十五次沒有成功，但是過程中他們的努力與給我的溫暖，我永遠會記在心裡！

自一九九九年第一次做試管嬰兒，回想這六年間的過程，每一次的希望到失望、每一次的笑容、每一次含著眼淚帶著微笑、人前堅強背後痛苦、忍受一個人寂寞在醫院做手術、忍受著十四天躺在家裡或飯店那種只能躺在床上什麼事也不能做的無助感、忍受著臃腫的身體，接受無盡的吃藥打針，打完大針打小針，小針打完要吃藥，期限一到又要麻醉動手術。這麼多藥劑在我身體裡面，到底未來會形成什麼樣的副作用也不得而知，心裡的委屈更是無處哭訴，回想過去，真是不堪回首！

人工受孕的關係，讓白冰冰胖了又瘦、瘦了又再胖。

以身作則，重拾書本

想把曉燕生回來的願望已經確定無法達成，我開始想我還能為曉燕做什麼？曉燕以前最大的願望就是考上好大學，進入政大新聞系就讀，結果因為一場惡夢讓她這個願望再也無法完成。我想，曉燕想讀書但沒機會，卻有很多就學中的學生不重視課業甚至中途輟學（學術界簡稱為中輟生）。

我與白曉燕文教基金會的執行長討論，如何讓這些尚未走入歧途的中輟生重返校園？他們不喜歡上學並不代表會學壞，但有些人就是會對中輟生貼標籤，因此我找了一幫科班的演藝教授到各校去輔導中輟生，把孩子找回來。哪怕在學校裡並不是在讀書，而是規劃他們喜歡的演藝課程，也為他們編演了一些有意義的話劇。

曾經有一天早晨，我接到教授的電話，告訴我這些後段放牛班的孩子當天竟然沒有到校，當我趕到學校時，發現員警剛好在處理孩子在校外與另一個學校學生的械鬥事件。徵得校長的同意後我將輕傷的同學帶到教室裡，詢問他們為何打架？現場一片靜默無人回應，任憑我怎麼勸說還是無人理會。當下我告訴大家，我的時間也是很寶貴的，來到貴校見大家，看到平常帥帥的你們卻與人打架打得傷痕累累，今天希望你們尊重我就是這一堂課的教授，況且我是義務來教導的，請你們安分上課，既然我無法得知你們打架的原因，我想用戲劇的方式來瞭解。現在請你們分成兩小組各在左右邊，想像你們就是剛才兩幫械鬥的人，有何爭執到必須打架的地步，請你們現在開始用演的讓我瞭解，現在上課開始，卡麥拉！

當場兩組人馬從不情不願的演出到越罵越生氣，果真努力的演起來也打了起來，但他們畢竟是一群感情好的同學，演出時只是輕輕的拍打，我當場表示這樣的演出不逼真，請大家更認真的演，剛才怎麼打現在就怎麼打。其實他們都是好朋友，根本就打不下去，有人哭了出來，趁此機會我告訴他們若還有其他選項，他們還會選擇用打架的方式解決問題嗎？當孩子們哭成一團的時候，他們的家長也都陸續到校了，眼看著我親自上的那堂課，家長們與校長都好感動，並稱讚我真是一個最棒的輔導老師。但我還是告訴孩子們，戲劇課只是讓他們回到學校的一個橋樑，我還是希望你們重拾課本好好學習，為未來打下深厚的基礎。

後來看到孩子們每天喜孜孜到學校學習的時候，我心中滿滿的欣慰，走在回家的路上，我想到孩子的青春期是多麼的重要，現在荒廢了課業未來後悔都來不及，我也瞭解孩子學習碰到挫折時可能又會打擊信心，為了使他們不再中輟，我想以身作則，打鐵趁熱的重拾課本上大學去，讓家境窮困無法升學的我，在中年以後圓了我自己的心願也彌補了曉燕無法就讀大學的遺憾，一人讀兩人補！

重返校園

二〇〇二年，我開始進入國立空中大學就讀，會選擇讀空大的原因是因為他們的上課時間比較彈性不用天天到學校，在家就可以看他們的教學頻道上課，讓我可以一邊忙著演藝工作一邊完成學業。但是空大是採學分制，修完學分才能畢業，起先我修了三科，半年一學期，每學期期中跟期末考兩次，一年要考四次，修三科考十二次，每當考試的前一個星期，我與大家一樣，一面工作一面背書，加上要背拍戲的劇本，常常劇本跟課本的內容在腦子裡打架，有時撞牆期都快精神錯亂了。

剛開始，大家都不看好我能順利把學業完成，以為我只是開玩笑炒炒新聞，而我自己盤算時間，若照這樣讀下去，可能要八年才會完成大學課業，在時間上已經非常緊繃的我，明知不可為還是多申請了兩科，全校師生看到最忙碌的我竟然一次選讀五科，都對我刮目相看。

而我自己也深怕被看笑話，況且又自許要做為中輟生的榜樣，我在無限的痛苦中只能咬牙硬撐，把五科讀了下來，花了五年半的時間終於拿到大學文憑，但過程的痛苦無法一一詳述。只記得每當考試前夕我捧著五大本課本，老實講不知從何翻起，因為不知題目會從哪一頁的哪個章節出題，只好從第一頁讀起，常常到了半夜眼睛瞪著書本但腦子已經神遊到外太空了。考試當天，早起的媽媽問我今天怎麼這麼早起啊？我當場哭出來，一面哭一面說：「我還沒睡覺，我今天要考試……」當我出門時，覺得自己好可笑，那個當下好像回到稚嫩的青蘋果時期，還會為了讀書哭出來。

到了學校，趁著考卷尚未發下來做最後衝刺繼續埋頭苦讀，考試鈴聲響，拿到考卷那一刻，看到熟悉的課題趕緊奮筆疾書，但看到深奧的試題時只能托腮望向窗外放空，剛好瞄到一幫電視記者正鎖定我拍攝，這下慘了，明明想不出來答案，又不能只撐著面頰不寫，會被拍下來播出去，但實在又不知道要寫什麼，只好先寫上學號、科系跟名字。看著同學一個個交卷走出去，我好擔心我是最後走出去的那個人，那就真的很丟臉！想要快交卷但又有尚未想出答案的考題，那幾年的日子就在這種狀況中度過了。大致說來我算是品學兼優的好學生，但是也曾經不小心有一科被當掉，遺憾難過之餘也只好更加努力苦讀完成課業，最後我要送給空大的評語是：這個學校真是童叟無欺，一視同仁！

爾後對外我都可以大聲的說：「我是空大畢業的大學生囉！」

空大畢業有感——憶曉燕

四月十四日前夕，隻身前往五股大排水溝，看看那個曾經是曉燕一縷芳魂被棄置的場所，已經十年了，這期間我因為恐懼、心痛、不捨，所以不聽、不聞也不想有關那地方的一切，有時驅車經過，我甚至不敢看它一眼，匆匆將頭撇向一邊。今天，忽然有一股衝動，想去看看那個地方。

我真的想知道，為何歹徒會選擇這個地方？眼前的大排水溝，一樣充滿淤泥，一樣發出惡臭，我嘗試丟下一顆小石頭卻是一點都不阻擾地往下急沉，我不禁回想，曉燕被丟下的剎那是否也這樣？這淤泥又埋葬過多少無辜的生命？想到這，心頭一緊，我的眼淚再也不聽使喚的落下……

十年來，每一個漫長的夜晚，真是難熬啊！有時我刻意逃避有關曉燕的一切，

一人讀兩人補，終於大學畢業了！

卻是人越遠、心越近，每次看到她的物品，都彷彿一支利劍刺進心窩，好痛，好痛！

淚眼望向前方，心中不斷想著這十年來我接觸佛法學習放下，實際上，我根本放不下。十年，撫平了社會大眾的害怕，相對的，大家也忘了事件發生之初的恐懼與憤怒。我只想說：「曉燕！妳永遠是那出淤泥而不染的蓮花，聖潔美麗，妳是媽媽心中永遠的寶貝，純真、善體人意，在妳的忌日這天，我寫下一些遙祭予妳的話語，希望妳能感受我這顆裝滿思念的慈母心，知道我有多麼的愛妳！」

臺灣這個民主社會，重視各個族群也接納各種言論，正因為如此，沸沸揚揚的廢死言論也在社會中彌漫了出來。廢死聯盟人數很少但聲音很大，因為他們大都是學法律的專家（不是法官就是檢察官亦或是律師），或者對人生有不一樣見解的人，或許他們的人生根本過得太幸福了，沒有受過任何磨難不知人間疾苦。不管任何人做了多麼殘忍不人道的事，哪怕全民義憤填膺，他們還是強烈建議一定要讓他們有再教育機會；法律不能剝奪人的生命，總是以聯合國或有些國家已經不執行死刑來壓迫我們的政府，他們忘了歹徒用盡殘酷的凌遲，之後虐殺受害人的生命，其實就算判死刑，也都是以非常人道的方式結束他們罪惡的一生。

各種調查機構也做了多次的民意調查，結果百分之八十五的人都是反對廢除死刑的，但是當時的法務部長已決定即將慢慢實行臺灣無死刑。這麼戕害臺灣治安的政策，卻沒有人站出來說話，臺灣的民情及傳統怎可任意與外國接軌，孰不知有些國家已經正受到沒有死刑的嚴重後果，暴徒越來越殘酷，殺害越來越多人。受到心靈重傷的我，當時只是覺得這些廢死聯盟怎麼能夠踏著被害人的血來實現他們的理想，更覺得若是做錯事不用受處罰，最重可能只被判無期徒刑，受害人還得賺錢納稅養他們一輩子，這是什麼樣的不公平社會！如果真的執行下去，未來是否又會回到弱肉強食、冤冤相報的時代。

臺灣是有法律的，有人說法律是維護人民生命財產的最後一道防線，其實當走到法律這條路時，多數的受害人早已陳屍曝野、含冤莫名、死不瞑目了，何況還把最適合懲罰歹徒的方式取消，真不敢想像未來的臺灣會變成怎樣！

我毅然決然站出來，聲嘶力竭的抨擊當時法務部長的政策，結果當然受到全民的支持，法務部長因此而下臺，廢死的議題就此沒有繼續延燒。

但每每發生一起重大社會案件，死刑存廢與否就會再被拿出來討論，只是我們的傳統社會怎能夠有這樣的西方思想灌輸在裡面。孰不知現在歐洲、美國各地常常發生人魔攜槍潛進校園或公共場所掃射殺害學童及人們，但所判的徒刑都只有一、二十年，在監獄裡面吃得飽住得好還可放風運動，多的是在外面無法生活的人故意犯罪，進去吃牢飯。

臺灣發生了幾次殘忍的殺害幼童案，犯人就說：「因為現在只搶超商或傷人是不必坐牢的，為了達到坐牢的目的，當然就要狠心用最殘忍的方式殺人！」我真的不希望未來的善良社會成為這麼可怕的屠宰場！

所以我堅持捍衛社會的平安，就像我在曉燕墓誌銘上所寫的「曉曦浮海復明人間光景，燕子歸山喚得天下太平」，我不能對我的良心食言，無論我努力的做了什麼，都是希望天下的母親不再哭泣、天下所有孩子不再恐懼，這是我唯一的信念！

後來因此受馬英九先生之邀，成為他的顧問，為治安做最正確的建言，我也因此被誤解參與政治活動。臺灣是一個多元社會，各種言論思想自由，偶爾還得忍受各種不理性的批評，而我只能努力的做自己。除了演藝工作之外也矢志以社會公益作為我人生的使命。

左圖 1 ｜宣導反毒活動。

左圖 2 ｜白冰冰為非洲孩童募款所作的畫。

運用專長，貢獻一己之力

進入空大重拾書本一年後，緯來電視臺找我臨時救火，主持一個談話性節目——《冰火五重天》，一個邀請老藝人上節目談天說地的節目。有線電視晚間十點檔競爭向來激烈，這樣的節目內容會吸引觀眾嗎？再加上自曉燕走後，這六年來我已很少在螢光幕前出現，主持界新人輩出，觀眾還想看我主持節目嗎？這可是一大挑戰啊。幾經思考後，我覺得這個節目很有意義，一方面是這個節目可以提供老藝人再一次與觀眾接觸的機會、幫助他們；另一方面可以藉由藝人所談的事情中，讓觀眾瞭解藝人不是只有光鮮亮麗，也有辛酸、坎坷的一面，提醒想要進入演藝圈的朋友們三思。

有一次我去城市舞臺看河洛歌仔戲團演出，呂雪鳳在戲裡飾演一位反派老生，從身段到唱腔讓我非常驚豔，真是硬裡子演員，當時就對她留下非常深刻的印象。因此，當《冰火五重天》希望能邀請一些歌仔戲演員上節目談談歌仔戲文化時，我第一個就想到她！結果她真的不負眾望，效果非常好，更讓我覺得她真的被埋沒太久了，千里馬需要伯樂，之後便成為我節目的固定班底，從此開啟她的影視生涯，

1

2

隔年便接到導演張作驥邀約開始拍起電影，之後也成為豬哥亮愛用的演員，更得到金馬獎最佳女配角的殊榮，我也與有榮焉。

還有資深男演員孫小明因身染重病又窮困潦倒，三餐不繼也租不起房子，平日就睡在他糊口的計程車上，與山上的一群流浪狗為伍，我知道以後特地請他上節目，將他的困境讓大眾知道，也為他成立一個捐款專戶，雖然收到的善款只有幾萬塊，但是他已感動莫名，我知道雖然對他起不了大作用，但至少讓他知道社會是溫暖的，希望他努力對抗病魔，重拾信心！

而大家喜愛的李炳輝，自從金門王離開他之後，境遇每況愈下，不但工作機會減少，又體弱多病，某次我知道他要將謀生的手風琴賣掉，我就在節目中為他拍賣，希望能夠賣得好價錢，我心想若是拍賣不成功，我就買下來再回捐給他，沒想到大家的愛心非常踴躍，我記得伍思凱也向我表達了相同意見。最後由民視許念臺副總以十萬元買下，並將手風琴再回送給李炳輝。藉此機會轉述李炳輝的想法：「他雖然窮苦，但他希望大家不要可憐他，更不要施捨、為他募款，只期待多給他表演機會，他會靠自己的力量走下去。」

所幸，這樣的節目內容很受歡迎，一直持續做了九年，替緯來晚間的談話節目打下基礎，更為我自己的事業創造了第二春。

二〇一二年，廈門衛視邀請我與中國國家一級演員燕蓉共同主持《廈門衛視歌仔戲十二旦》選秀節目，基於傳承與宣揚臺灣的歌仔戲，我也帶著歌仔戲資深演員許仙姬等去當評審，也力邀許秀年復出，希望她能早日走出喪夫之痛。

演藝路並不好走，同儕有人退休、有人繼續努力、有人生活困頓，有人專搞破壞。臺灣這個過度自由的社會，電視、新聞媒體、名嘴充斥，只要你想說，不必考證都可以說得天花亂墜，那怕子虛烏有、胡亂指控的結果有人會因此而受傷，他們也不在乎。讓我更懷念起當年農業社會的純樸、厚道，也想為演藝圈中努力奮鬥的後輩們盡一份力。於是二〇一三年我成立經紀公司，替冰果甜心、楊繡惠出片就花掉了二千多萬，之後又不惜抵押房子貸款為ICE MAN、ICE LADY出片，也幫陷入低潮的李雅婷在舞臺上重新找回信心。

很多人都笑我：「冰冰姊，要捧也應該捧年輕的新人，怎麼去捧平均年齡三十六歲的熟男？」其實ICE MAN的三個成員並非完全新人，東諺曾是小虎隊三軍，還沒出道就解散了，但他仍繼續努力希望闖出一片天；阿文和成澄則是被孫德榮相中，但後來都退出，也是有歌唱、舞蹈經驗的。他們就像我的兒子一樣，尤其是阿文，無父無母，過年過節我都會邀他到家裡一起用餐圍爐。我願意砸大錢栽培他們，主要是因為他們對演藝事業的熱情與努力不懈，希望給他們機會，讓他們有一天能夠羽翼豐碩獨當一面。

當年在民視長壽劇《親戚不計較》中飾演王中平的老婆、卓勝利媳婦的李雅婷由於將壞媳婦一角演得太好了，當她走在大街巷弄或菜市場，入戲的婆媽們不僅指指點點，甚至當面罵她「歹查某」，還不時收到銀紙及詛咒的信件。之後又經歷感情的背叛、金錢損失，壓力大到得了嚴重憂鬱症，不但造成身材臃腫變形，個性也變得多愁善感逢人便哭，滿腦子盡是負面的想法，也曾糊塗的傷害自己。我知道她的境遇之後約她見面，她當場抱著我崩潰痛哭，我看了實在於心不忍，想到當年外型亮麗，身材苗條的李雅婷，再看到哭倒在自己面前憔悴臃腫、信心盡失的模樣，覺得若不幫她，不但會埋沒一位優秀人才，更擔心她再做傻事，所以決定將她簽下，努力為她安排工作，鼓勵她找回光鮮亮麗的自己。現在，她正在努力中，已經從七十二公斤減到六十一公斤了，最近常在類戲劇或談話性節目中露面，也敬請各製作單位及觀眾朋友們能夠再給予她機會。

人生六十才開始，此時努力並不遲

臺灣演藝圈有幾個重要的獎項，金曲獎、金鐘獎及金馬獎，簡稱「三金」。

舉凡能夠拿到這些獎項的藝人，都代表他們的演藝是受到肯定的。

二〇一三年我入圍金鐘獎電視電影的女主角獎，頒獎典禮前夕我就收到許多人的祝福電話，他們都說我一定會得獎，因為捨我其誰！我入圍的戲劇作品《那天媽媽來看我》除了劇本內容紮實、導演運鏡手法專業，還有燈光及音樂隨著劇情走向把大家的情緒帶入情境也讓我的表演更扣人心弦。

在戲裡我演一個鄉下樸實的媽媽，有三個小孩，各自離鄉背井為他們的工作與學業忙

榮獲金鐘獎最佳女主角獎。

碌，只有年節才會回來故鄉與媽媽團聚。這個愛孩子的媽媽做了一大桌孩子愛吃的菜，滿心期待著他們回家。但就在這時，最小的兒子失蹤了，兩個哥哥為了怕媽媽緊張難過，只好無奈跟媽媽取消要回家陪她的約定，四處尋找弟弟的下落。

這個獨自把孩子養大的鄉下媽媽，與孩子的互動過程既親切又自然，就像一般的媽媽一樣，該說的說、該罵的罵、該溫柔的母性特質都有，而戲裡面對孩子所展現的母性光輝也發揮的淋漓盡致，大家都說整部戲渾然天成，我的演出就像信手捻來般自然且流暢，所以大家都說這個獎非我莫屬。對於大家對我的肯定，雖然我嘴巴說得客氣、謙讓，但內心其實非常有自信，因為我自己看了不下二十遍，每看一遍都會隨著劇情裡的情緒又哭又笑，這就表示這部戲真的成功了！也歡迎大家可以上網下載這部戲來看，真的很感人！

所以那一年我得獎了，我的金鐘獎最佳女主角獎，得的「實至名歸！」

寫到這裡，又覺得這不像是平常謙虛的我，但我真的對這部戲是肯定的，《那天媽媽來看我》的成功非我一己之力，而是集結眾多菁英成就的，我真的有信心也誠懇推薦給大家。

二〇一五年我有感於這幾年來世界各地，尤其兩岸以及韓國最常發生自殺事件，我想以白曉燕基金會的名義拍一個放在網路播出的公益電影，勸導大家珍惜生命，不要自殺。當完成劇本後與各演員接洽時，大家都勸我：「劇本非常精彩，應該拍成商業電影在院線放映，可以吸引更多人來觀賞，妳的善意才會被更多人看到。」

當我找到了胡瓜、唐從聖、康康、布魯斯、阿喜、孫翠鳳等等大牌演員，再把企劃案及劇本與發行商討論，沒想到一個防止自殺的公益電影，因為劇本逗趣、演員卡司陣容堅強，大家也肯定我的監製實力，公益電影瞬間變成了二〇一六年的賀歲片，這驚喜對我來說既是責任也是壓力，因為要與其他賀歲片比拼，我的製作成本必須提高一倍，還好我的善良宗旨及好人緣，馬上得到很多人的支持，就在幾天內我完成了確定所有演員及找到最好的製作團隊、導演、攝影組，而發行商不但確認發行也願意投資，再加上好友們的共同資金，霎時間一切圓滿搞定，我成了第一次創作就拿到賀歲片檔期的總監製兼演員，懷著公益心拍了商業片。二〇一六農曆年間，《人生按個讚》正式上演，當我看到臺灣各地的家庭粉絲攜家帶眷到戲院來捧場，我摸黑夾雜在觀眾群中，看到他們看到笑點時開懷大笑、演到洋蔥劇情時全場窸窸窣窣的啜泣聲，尤其全劇中最經典的自殺橋段，編劇寫的精采，把很可憐的自殺劇情用很逗趣的演出方式，讓觀眾情緒隨著劇情起伏一陣哭一陣笑，而我也跟著一下子鼻酸、一下子嘴角上揚，更有著滿滿的欣慰！

人生按個讚！

回顧

雖然從小媽媽就對我不好，但是現在看到眼前的老母親凡事不能自理，行動變得緩慢，理解能力也退化很多，我的惻隱之心油然而生，覺得人老了真的很無奈，就只能倚靠別人。我心裡想著現在媽媽還健在，兄弟姊妹們有空都會回來看看媽媽、陪她吃飯、聊天，倘若有一天媽媽不在了，大家各自都有家庭、事業要照顧，我無法想像未來只剩自己一個人的時候要怎麼過日子？惆悵的我信步走向庭院，看到小乖正在庭院裡啃著牠的腳趾頭，我叫著牠：「小乖！」以前的牠會很興奮活潑的跑過來，但這次卻看到牠步履蹣跚、氣喘吁吁的跑過來，我才驚覺到，原來小乖也那麼老了，一家都是老人。

曉燕走了之後沒多久，爸爸因傷心過度於八十六歲辭世，狗狗雖因病離世但也活到了十七歲。唉！往好處想，我家其實也算是長壽家庭，媽媽現在九十二歲高齡，而我自己也都一甲子了，還能繼續活躍在演藝圈做自己喜歡的工作，想想也是好福氣啊！

曉燕及爸爸去世後，我常待在佛堂裡，默默地為他們念經、回向。

十九年了，我沒有一天不傷心、難過。只要夜幕低垂我就崩潰，心中好不容易痊癒的瘡疤，深怕被觸碰到，雖說時間久了，記憶也就跟著淡薄，可是不論我做什麼，在我周遭的一切，總是不經意地與往日的曉燕連在一起，我的記憶也就不斷地被喚醒。

啊！這是曉燕喜歡吃的菜，那是她不喜歡的。

洗澡的時候我對曉燕說：「曉燕啊！媽媽心臟不怎麼好，泡澡的時間若是太長，妳每隔十分鐘來看媽媽一次啊！」「我才不要呢！妳的身材又不好！」她會故意如此與我鬥嘴，然後開懷大笑！

曉燕是阿公帶大的，他們兩人感情最好，在每一個我缺席的時光，他們爺倆會偷偷的去做平常我不允許的事。諸如到廟會看豔舞或喝過多的可樂，被我發現之後，兩人互相指責。

這些往事如今都變成令人懷念的美麗記憶，我每天都沉浸在這些回憶中，那些當年的不可以，到如今每當要追悼他們的時候，我反而會買一大堆的可樂來祭拜。

回顧曾經窮苦、困頓，曾經有夢，有好大志向的人生，有過不美滿的婚姻，帶著即將出世的孩子回到國內，從零開始。當時的民情與現在大不相同，現在的演藝圈越八卦越有人氣，而當時的自己沒有絕佳的外型與上好的條件，與我相同際遇的女藝人總是瞞著大眾，過著「媽媽是歌星」的日子，而我為了讓孩子能夠正常成長，冒著也許永遠紅不了的危機，選擇向所有觀眾介紹了白曉燕。

從曉燕呱呱落地到她無辜委屈離開人世，至今十九年了，我夢到她的情境少之又少，曾經為此花了很多冤枉錢，被帶到各宮廟，做了各種法事，結果完全徒勞無功。還親眼目睹所謂的觀落陰、牽亡魂，看到乩童努力的演出白曉燕，我心裡在淌血，我知道那根本不是她，但厚道的我不戳破把戲，把錢付了，轉頭流著眼淚，嘲笑自己怎麼會那麼傻，然後慢慢徒步走回家。

爾後我就再也不聽信任何有關如何為白曉燕超渡的建言了，因為三天兩頭就會有好心人來告訴我夢到白曉燕，而且衣不蔽體，很寒冷的站在我家門口進不去……諸如此類的訊息，讓身為母親的我心痛的不得了，信也不是、不信也不是。只要一聽到有人這樣告訴我，我就把曉燕的衣服拿到宮廟去作法燒給她，以為這樣她就能收到衣服，就不會冷了……

結果就這樣一而再，再而三的燒衣服，後來我發現曉燕的衣服已經被我燒到剩兩件，我才如夢初醒，覺得再這樣下去不是辦法，所以我透過媒體告知大家，謝謝

往事只能成追憶。

大家對我及曉燕的愛護，請大家不要再來告訴我有關曉燕的任何狀況，因為每聽到一次，我的心就糾結難過很久，我怕過不了自己這一關，心中好不容易撫平的漣漪，讓我平靜的活下去吧！而且我真的不會再為任何夢境去做任何傻事了。曉燕僅剩下的兩件衣服，我留著自己穿，所以偶爾會看到我穿著較為年輕樣式的衣服，那就是曉燕的。

有人告訴我，我沒有夢到曉燕，是因為曉燕孝順，捨不得我再為她難過，但對我來說，能在夢中與曉燕再次相聚，能再抱抱她、跟她說說話，讓她知道我有多愛她，這對一個失去女兒的母親來說，只能盼望透過這樣的方式得到安慰，雖然結果並未如願，但慶幸我終於慢慢的懂得要活出自己，不能被綁在這種悲傷情緒中，我深深悟出了「行到水窮處，坐看雲起時」的道理，這已經是我人生最難過的關卡，我要努力過這一關。

有部知名的歌仔戲曲，叫《薛平貴與王寶釧》，裡面最耳熟能詳的歌詞是「身騎白馬過三關」，而我的人生，大關小關都經歷過了，未來尚不知還有多少關卡，走過坎坷荊棘道路、歷盡波濤洶湧的我，相信會有勇氣去面對的！

驀然回首，我才驚覺，我這一輩子未曾享受過荳蔻年華的美好青春。因為生活壓力，也不知何謂年少輕狂，曉燕在世時，為了珍惜與她相處的每一刻，時常婉拒同事間的邀約，回到家中，卻只能見到已熟睡的她。其實在演藝圈，尤其像我們這種忙碌的人，根本沒有機會與外界的人相識，看的都是熟的不能再熟的圈內人，就這樣日復一日，看著孩子漸漸長大，自己年華漸漸老去。

如今我成了真正的「單身女子」，偌大的房子裡，我使用的地方就是那固定的臥床與沙發。我想，在必將來臨的孤獨裡，朋友將在我的生命中扮演重要的角色。

今夜又是一個孤單寂寞的夜晚，朋友給我太多的建議，有人要我談戀愛、有人要我從事公益、有人要我好好照顧自己，所有的建議我既感恩也都努力實踐。但有時候這個大家眼中的堅強女子也難免懦弱，今夜我就是這樣過的，坐在地板上，背靠著沙發，寫下了這首詩：

獨坐空樓裡遠思在深心
愁緒當告誰天知我心淒
別離隨處有來去何所依
憶往日情懷行行雙垂淚

問情是何物力盡推不去
半生多少事歷歷在眼前
自問又何苦情多夜不眠
浮雲鳥飛遠落日照松影
明日沉碧海惆悵滿心懷
寫到這裡，天又快亮了！

冰冰姊的頑張哲學⑥盡自己所能的影響服務社會、廣披大眾

明知曉燕是獨一無二、無可取代的，但痛心徹骨的思念令我極嚮再享天倫，十五次的試管嬰兒手術受盡所有折磨仍未果，我只能絕望的接受「有子有子命，沒子天注定」孤獨的一生。但心中和曉燕要將生命加倍活得有意義的承諾我一定要做到，我要化小愛為大愛正所謂「大樹，會蔭影」盡自己所能的影響服務社會廣披大眾。

為了以身作則「食到老，學到老」我重拾書本達成多年心願、為了幫助演藝前後輩卻為自己的事業創造了第二春、為了勸導大家珍惜生命不要自殺欲拍公益電影，成就了第一次創作就拿到賀歲片檔期的總監製兼演員，懷著公益心拍了商業片。我感恩在行善的初衷自己卻收穫更多這是始料未及的事。觀世音菩薩名號的意思為「觀察世間音聲覺悟有情」雖然我仍無法放得下，但我願意繼續往披雲霧睹青天處前行。

後記

寫這本書的目的不是要告訴大家白冰冰有多麼傷心、多麼堅強、多麼勇敢、或多麼厲害，而是要告訴大家，每個人的人生劇本都不同，扮演的角色也不一樣，會遭遇到的挫折更是迥異。當你遇到任何困難或巨變時，你會用什麼樣的方法及態度去處理呢？

我的處理方式及情緒的管控有比一般人強的地方，也有比一般人弱的地方。強的地方可以給大家做參考，弱的地方能讓大家做為借鏡，千萬不要重蹈覆轍。有人說過「寧走十步遠，不走一步險」，冰冰姊的故事要告訴大家，世界何其大，你不是最可憐的那個人，碰上了只有面對、處理、放下。

雖說放下談何容易，我也跟大家一樣，一直都是拿不起、放不下，但時間會教我們如何解決心裡的傷痛及對人、事、物的怨懟，學習如何趨吉避凶，凝聚正能量！

我曾經在網路出了一道題目問大家，如果要用一種花卉或者一種動物來形容我，大家的看法會是什麼？結果各式各樣的答案都有，有人說我如牡丹花般之高貴，如百合花般之純潔，如鶴頂紅般之熱情，如玫瑰花般美麗、大方、溫柔、可愛，如康乃馨般溫暖，如木槿花之堅韌，如扶桑花柔中帶著堅毅，但百分之九十寫的都是同一種花卉——如陽光般的向日葵！

曾經有一篇文章寫到「一樣的眼睛，有不一樣的看法；一樣的嘴巴，有不一樣的說法。」唯有這個答案統計出來的結果跟我的想法相同。我也自認我就是向日葵，不管含苞時是如何脆弱，即使碰到風雨、遇到挫折，還是努力朝著陽光生長。

至於象徵我的動物，有人說我像小白兔般溫柔敏捷，像孔雀般雍容美豔，像冰天雪地的國王企鵝，經過一番辛苦的蛻變之後，才能展現漂亮的皮毛，也有人說我像羊咩咩，吃著自己眼前的草，老老實實的幹活，不去侵犯別人領土，碰到任何被欺負的事情也是逆來順受，更有人說我像母獅子，護家愛子、覓食持家、不怒自威。其中最特別的答案是有人說我像小龍女，因為就像一條活龍一樣，不管經歷多少困難，只要經過稍微沉澱之後，馬上又生龍活虎、神氣活現！

這就是我寫這本書最大的目的，人生不可能沒有挫折、沒有壓力。有人說「明天會更好」我覺得未必，但「明天會更老」那是一定的。也有人說有能力的人，人家會稱呼您「李老、張老、王老」，但沒有能力的，則簡稱「老李、老張、老王」。無論如何，未來我會努力朝「白老」路途上邁進。

有人問我：「妳要一直努力到什麼時候呢？」但我想說人生不努力活著做什麼呢？當你放棄一切的時候，除了吃喝玩樂，就只有等死，而我活到老學到老、努力到老，不僅自己獲得很多學習，也因為自己的多元機會可以嘉惠很多人，何樂而不為？

有幸出這本自傳，希望有苦難、有挫折的人，都能揮別憂傷，迎向陽光。我常勉勵自己「隨和，但不隨便」，我不會刻意祈求老天或人們給予我什麼，但若老天要用我，就會給我更多能耐與正能量。在我所剩無幾的人生歲月，其實可以選擇各種過法，但我希望能照亮社會。

常聽說滾滾紅塵，但人世間為何用紅塵，而非黃塵、綠塵、藍塵、白塵？或許是人世間本是單純的，而人的思維確是萬般複雜的，有人就有比較、有計較、有爭鬥，國與國之間的戰爭、企業之間的競爭、人與人之間的鬥爭、有時候連親兄弟姐妹之間都難以避免，尤其以古時候的皇室為甚，親兄弟之間為了爭王位而征戰流血，平民百姓的兄弟姐妹為了爭財產而流血，難怪稱為滾滾紅塵。

只道是：憂悲苦惱隨來去，慈悲歡喜更隨緣，隨緣豁達、喜樂平和。人的生命是有限的，但人的思維是無限的，滾滾紅塵中，能留給人們最純潔的東西，就是人的信念與思想。美好的一天，從紅塵中修煉。

曾經有人說我是舞臺的諧星，人生的苦旦。是的！我在人間吃盡了苦頭，又喜歡在舞臺上或朋友圈帶給大家歡笑，但未來的我，肯定會將「苦旦」這個名號成為一個過去式，現在的我珍惜每一個眼睛睜開的時刻，把握現在，因為明天跟意外不知哪一個先來，而我一定會從容以對！

摸索了十九年，也許這是忘掉傷痛最好的方法，在不特定的時間、環境，隨著自己的心情，若周遭沒人，可以用力吶喊、哭泣，若不方便，就把一些想說的話寫下來，十九年後的今天，我已不再哭泣，再看看當年的自己，也已有不同的體悟。

每個人都有別人體會不到的辛苦，刻劃的印記只有自己最清楚；走得累不累，腳知道；撐得難不難，肩知道；過得好不好，心知道。自己的傷自己療，傷疤不必掀給別人知道。有人問我，如何保持開朗快樂的心情，我覺得這句話最貼切：「刪除昨天的煩惱，更新今天的心情，下載明天的快樂。過去的痛苦我不會遺忘，躲在牆角痛哭的滴滴眼淚，將成為一顆顆最璀璨的珍珠，增添人間美麗的光景。」祝大家天天開心！有句話與大家共勉——「梅花寒中開，成功苦中來。」

這就是白冰冰的故事……仍在繼續綻放光芒。

野人文化
讀者回函卡

書　名 ______

姓　名 ______ □女 □男 年齡 ______

地　址 ______

電　話 ______ 手機 ______

Email ______

□同意 □不同意 收到野人文化新書電子報

學　歷 □國中(含以下)□高中職 □大專 □研究所以上
職　業 □生產/製造 □金融/商業 □傳播/廣告 □軍警/公務員
□教育/文化 □旅遊/運輸 □醫療/保健 □仲介/服務
□學生 □自由/家管 □其他

◆你從何處知道此書？
□書店：名稱 ______ □網路：名稱 ______
□量販店：名稱 ______ □其他 ______

◆你以何種方式購買本書？
□誠品書店 □誠品網路書店 □金石堂書店 □金石堂網路書店
□博客來網路書店 □其他 ______

◆你的閱讀習慣：
□親子教養 □文學 □翻譯小說 □日文小說 □華文小說 □藝術設計
□人文社科 □自然科學 □商業理財 □宗教哲學 □心理勵志
□休閒生活（旅遊、瘦身、美容、園藝等） □手工藝／DIY □飲食／食
□健康養生 □兩性 □圖文書／漫畫 □其他 ______

◆你對本書的評價：（請填代號，1. 非常滿意 2. 滿意 3. 尚可 4. 待改進
書名 ______ 封面設計 ______ 版面編排 ______ 印刷 ______ 內容 ______
整體評價 ______

◆你對本書的建議：

______

______

______

______

野人文化部落格 http://yeren.pixnet.net/blog
野人文化粉絲專頁 http://www.facebook.com/yerenpublish

廣　告　回　函
板橋郵政管理局登記證
板橋廣字第143號

郵資已付　免貼郵票

野人

23141
新北市新店區民權路108-2號9樓
野人文化股份有限公司 收

請沿線撕下對折寄回

野人

書號：0NFL0162